Susanne Helbach-Grosser
und Andrea Thürmer Leung

Business Süß-Sauer

Business-Etikette für Deutsche und Chinesen

Bei der Erstellung des Buches wurde mit großer Sorgfalt vorgegangen; trotzdem lassen sich Fehler nie vollständig ausschließen. Verlag und Autorinnen können für fehlerhafte Angaben und deren Folgen weder eine juristische Verantwortung noch irgendeine Haftung übernehmen.

Für Verbesserungsvorschläge und Hinweise auf Fehler sind Verlag und Autorinnen dankbar.

ISBN 978-3-928856-65-2

Printed in Germany. Auflage 1.000 Ex. · Preis: 16,80 €

© 2014 by Kuppinger Verlag · Weinstadt
Urheberrechte am Bild (S. 76 / 77) Chatchawan · www.shutterstock.com

Alle Rechte vorbehalten.

Das Werk einschließlich aller seiner Teile ist urheberrechtlich geschützt. Jede Verwertung außerhalb der engen Grenzen des Urheberrechtsgesetzes ist ohne Zustimmung des Verlags und der Autorinnen unzulässig und strafbar. Dies gilt insbesondere für Vervielfältigungen, Übersetzungen, Mikroverfilmungen und die Einspeicherung und Verarbeitung in elektronischen Systemen.

Business-Etikette für Deutsche und Chinesen

„Ein gutes Buch ist wie ein vertrauter Freund."
(Chinesisches Sprichwort)

Die Geschäftswelt verändert sich. Früher haben sich Chinesen an deutschen Produkten und Standards orientiert, heute schaut die Welt nach Osten. Chinesen verhandeln hart und strategisch, sie kommunizieren diplomatisch und die Umgangsformen sind für Deutsche fremdartig. Nun ist es Zeit, China ernst zu nehmen, verstehen zu lernen und sich auf eine veränderte Weltordnung – mit ihren ganz eigenen Regeln – vorzubereiten.

Gute Umgangsformen sind attraktiv. Sie haben immer das Ziel, dem Einzelnen eine reibungslose Integration in die Gesellschaft zu ermöglichen. Der jeweiligen Situation entsprechend wird stilvolles Auftreten als Kompetenz gewertet und für alle Anwesenden als angenehm empfunden. Guter Stil basiert auf gegenseitiger Wertschätzung und Respekt.

Jede Gesellschaft braucht Spielregeln für das Zusammenleben. Gibt es in Deutschland strenge Benimmregeln? Dies vermutet man immer. Oder geht es in China strikter zu? Auf den ersten Blick verlaufen die Verhandlungen dort für uns sehr chaotisch. Doch sind sie das wirklich? Welche Regeln und Empfehlungen unterscheiden die beiden Länder, welche sind gleich?

Wie wir alle wissen, können gegenseitige Missverständnisse entstehen durch Ausdrucks-, Darstellungs- und Handlungsweisen wie Lautstärke, Tonfall, Mimik, Gestik, Grad der Höflichkeit und Grad der Freundlichkeit.

In Zukunft führt kein Weg an China vorbei, deshalb sollten wir uns nicht nur für das Land und die Wirtschaft interessieren, sondern auch für die Verhaltensempfehlungen im Umgang mit Chinesen. Menschen aus China wollen wissen, wie ihr deutscher Partner „tickt". Zwar verändert sich China rasend schnell – was dort in einem Jahr passiert, dauert in Deutschland fünf Jahre –, viele traditionelle Benimmregeln werden trotzdem beibehalten.

Die neue Weltmacht China ist auf der Überholspur und wird auch Einfluss auf unser Leben haben. Inzwischen kommen viele Hightech-Produkte aus China, Innovation und Qualität werden gefördert. Dadurch verschiebt sich nicht nur die Wirtschaft, sondern auch der Arbeitsmarkt nach China. Vielleicht werden wir in Zukunft Arbeit in China suchen oder gar in Europa für Chinesen arbeiten. Chinesische Umgangsformen werden gefragt sein.

Man verliert zwar keine Geschäfte mehr, wenn man alles falsch macht, jedoch gewinnt man viele Pluspunkte, wenn man einiges richtig macht. Diese Pluspunkte bauen die Beziehung auf und machen die Geschäfte schneller, einfacher und erfolgreicher. Die deutschen Umgangsformen und die chinesische Höflichkeit und Diplomatie sind eine gute Mischung und eine Grundlage, um nicht nur in Deutschland und in China erfolgreich zu sein, sondern auch international.

Viel Freude und Erfolg mit den Empfehlungen für gute Manieren im 21. Jahrhundert wünschen Ihnen

Susanne Helbach-Grosser und Dr. Andrea Thürmer Leung

Zu diesem Buch: Chinesische Benimmregeln basieren auf langjähriger Tradition, beeinflusst durch Konfuzianismus, Daoismus, Planwirtschaft, die Kommunistische Partei und strenge Erziehung.
Die deutschen Höflichkeitsregeln entwickelten sich aus christlichen Glaubenssätzen. Die Bibel „lieferte" die Zehn Gebote. Ab der späten Antike und im frühen Mittelalter wurden erstmals detaillierte Regeln schriftlich festgehalten und befolgt. Deutsche Höflichkeitssitten sind keine antiquierten Dogmen. Sie sind dehnbar und einer beständigen Wandlung unterworfen. So haben sich beispielsweise die Rollenbilder von Mann und Frau entscheidend verändert. Internationale Arbeitsplätze, moderne Kommunikations-Technologien und der Schutz der Umwelt erfordern differenzierte Einstellungen und Vorgehensweisen. Jüngere Deutsche, denen die globale Welt vertraut ist, haben längst erkannt, dass die deutsche Direktheit nicht überall als Tugend gilt. Und dass Deutschland – obwohl bei jeder Katastrophe eins der spendenfreudigsten Länder der Welt – mit den menschlichen Gaben, die das Leben angenehmer machen, geizt.

Da sich die Geschäftswelt allgemein rasend schnell verändert und sich viele Chinesen den westlichen Gepflogenheiten anpassen, weiß der Deutsche am Anfang einer Bekanntschaft nicht genau ob er es mit einem traditionellen Chinesen oder eher mit einer „Banane" (außen gelb, innen weiß) zu tun hat. Deshalb empfehlen wir, sich zuerst auf eine traditionelle Geschäftskultur einzustellen und die Geschäftspartner genau zu beobachten. Dabei muss sich niemand verbiegen und chinesisch verhalten, sondern nur respektvoll der anderen Kultur gegenüber handeln.

Es sollte beachtet werden, dass es in China große kulturelle Unterschiede gibt aufgrund der städtischen und ländlichen Regionen, verschiedener Provinzen, Arm und Reich, der Generationen, Firmenarten und Firmengrößen. Verallgemeinern darf man in Ost und West nicht, obwohl man wie auch in diesem Buch von „den Chinesen" und „den Deutschen" spricht.

Umgangsformen sind im internationalen Rahmen so etwas wie eine Lingua franca, eine internationale Sprache. Mit ihnen nähern wir uns vorsichtig den Absichten der anderen an und sind erleichtert und erfreut, wenn durch einwandfreies Verhalten zugleich auch die eigene Lebensqualität steigt.

Beinahe jede deutsche Führungskraft ist der Meinung, dass profunde Kenntnisse über ausländische Umgangsformen für den Geschäftserfolg unerlässlich sind. Wenn dann Studien belegen, dass sich schon vier von fünf der Deutschen einmal bis auf die Knochen bei einem Auslandstermin blamiert haben, wundert man sich, dass so wenige der Unternehmen (28 %) ihren Topmanagern Unterstützung beim Erlernen der internationalen Business-Etikette anbieten. Denn niemand kann sich ohne systematische Vorbereitung auf allen Märkten der Welt gleichermaßen formvollendet bewegen.

Und wenn es dann einmal gar nicht mehr weitergeht, dann hält Konfuzius eine Weisheit parat. „Der Mensch hat dreierlei Wege, klug zu handeln: erstens durch Nachdenken, das ist der edelste; zweitens durch Nachahmen, das ist der leichteste, und drittens durch Erfahrung, das ist der bitterste."

Die Quellen stammen aus jahrzehntelangen Erfahrungen beider Autorinnen.

Es ist uns wichtig, Frauen und Männer gleichermaßen anzusprechen. Um die Texte nicht in die Länge zu ziehen und um das Buch leichter lesbar zu machen, haben wir darauf verzichtet, jedes Mal beide geschlechtsspezifischen Begriffe zu verwenden (zum Beispiel weibliche und männlich Vorgesetzte oder ihn und sie). Wir hoffen auf Ihr Verständnis.

Symbolerklärung:

 = Empfehlung für Deutsche

 = Empfehlung für Chinesen

Inhaltsverzeichnis

Business Etikette für Deutsche und Chinesen

I. Erste Kontakte 10

1.	(Vor-)Urteile über Chinesen	10
1.	(Vor-)Urteile über Deutsche	10
2.	Die Stellung der Frau	11
3.	Erste Geschäftskontakte	14
4.	Der erste Eindruck	16
5.	Körpersprache	16
6.	Gesten	18
7.	Lächeln und Lachen	20
8.	Distanz wahren	21

II. Erscheinungsbild 23

9.	Eine gepflegte Erscheinung	23
10.	Körpergeräusche	25
11.	Kaugummi	25
12.	Taschentuch	26
13.	Kleidung im Berufsalltag	27
14.	Accessoires	30
15.	Schmuck	30
16.	Dresscodes	31
17.	Schuhe ausziehen	32

III. Begrüßungsrituale 34

18.	Grüßen	34
19.	Begrüßen	35
20.	Beifall klatschen	36
21.	Bekannt machen	37
22.	Der Handschlag	37
23.	Wangenküsse und Bussis	38
24.	Redensarten und Standardfloskeln	39
25.	Die Visitenkarte	39
26.	Doppelnamen	40
27.	Namen sind wichtig	41
28.	Namen vergessen?	42
29.	Anrede und Titel	43

30. Akademische Grade	44
31. Adelsprädikate	45
32. Parteimitgliedschaft	46
33. Duzen oder siezen?	46

IV. Kommunikation 49

34. Kommunikationsstil	49
35. E-Mail	50
36. Briefe/Korrespondenz	52
37. Handy und Telefon	53
38. Small Talk	55
39. Neugier	57
40. Freundschaft	58
41. Humor	60
42. Kritik	60
43. Lob und Dank	62
44. Entschuldigungen	64
45. Floskeln	65
46. Intonation	66
47. Nein sagen	67
48. Ja sagen	68
49. Dolmetscher	69
50. Sprache	70

V. Symbolik 74

51. Feng-Shui	74
52. Bedeutung von Zahlen	75
53. Bedeutung von Farben	79
54. Geschenke	81
55. Religion	83
56. Feste	85

VI. Geschäftsessen 90

57. Essenszeiten	90
58. Einladung	90
59. Gastfreundschaft	92
60. Sitzordnung bei Tisch	94
61. Die richtige Sitzhaltung	96
62. Ankunft	96
63. Beginn	97
64. Reihenfolge der Speisen	98

65. Bedeutung der Speisen	100
66. Tischsitten	102
67. Buffet	107
68. Missgeschicke bei Tisch	108
69. Trinksitten	109
70. Getränke	112
71. Wasser	114
72. Chinesischer Tee	115
72. Kaffee	116
73. Wein	117
74. Alkohol	118
75. Rauchen	120
76. Ende des Geschäftsessens	120
77. Bezahlen	121
78. Trinkgeld	122
79. Abendprogramm	123
80. Wohnen im Hotel	124
81. Toilettenkultur	126
82. Fotografieren	127
83. Auto	128
84. Todesfall	131

VII. Business-Spielregeln   133

85. Deutsches Vorbild	133
86. Business-Spielregeln	134
87. Guanxi (= Beziehungen)	134
87. Sachorientierung	135
88. Gesicht	136
88. Objektivität, Direktheit, Wahrheit	136
89. Harmonie	137
89. Individualismus	138
90. Hierarchie	139
91. Strategien	141
91. Regeln, Zeitplanung	142
92. Schweigen	143
93. Arbeitsstil	144
94. Probleme	146
95. Chinesische Produkte	147
95. Deutsche Produkte	147
96. Personalführung	148
97. Marketing	149
98. Fälschungen	150
99. Korruption	152

100. Qualität	153
101. Messen	154
102. Statistiken	156

VIII. Verhandeln in China — **157**

103. Planung	157
104. Präsentation	158
105. Verhandlungen – Anfang	159
106. Sitzordnung beim Meeting	160
107. Verhandlungen – Hauptteil	161
108. Feilschen	164
109. Vertragsabschluss	165
110. Bezahlung	166
111. Geschäftseröffnung	167

10 Dinge, die Sie tun oder lassen sollten — **168**

Fazit — **171**

Vergleichender Länder-‚Knigge'

I. Erste Kontakte

1. (Vor-)Urteile über Chinesen

„Menschen kann man nicht nach dem Aussehen einschätzen. Das Wasser des Meeres kann man nicht mit einem Scheffel ausmessen."
(Chinesisches Sprichwort)

Was sind *typisch chinesische Vorurteile?* Die Chinesen gelten als sehr fleißig und tüchtig, auch als bescheiden und ehrgeizig, geduldig, zurückhaltend, respektvoll, freundlich und höflich.
Wenn ein Ausländer in China nach dem Weg fragt, wird er immer sehr freundlich irgendwohin geschickt. Die Richtung spielt dabei keine Rolle.

Anscheinend essen Chinesen viel Reis, schlürfen ihre Nudeln zum Frühstück, sind gute Kung-Fu-Kämpfer und Raubkopierer.

Das für *Westler* undurchschaubare Lächeln wird oft als negativ empfunden, weil man nicht weiß, was es bedeutet. Aufgrund westlicher Unwissenheit gelten Chinesen daher auch als hinterhältig und listig.
Die chinesischen Geschäftsleute sehen sich selbst als intelligent, höflich, kultiviert und fortgeschritten. Strategien, Taktiken und Diplomatie gehören zum täglichen Geschäftsleben. Ein guter Manager sollte so vorgehen, wenn er erfolgreich sein möchte.

1. (Vor-)Urteile über Deutsche

Was sind *typisch deutsche* Eigenschaften? Das Klischee des akkuraten, pünktlichen und gut organisierten Deutschen herrscht im Ausland immer noch vor. Positiv wird auch seine Glaubwürdigkeit und Unbestechlichkeit betont. Zudem gilt der Deutsche als reiselustig – wenngleich er auch in Shanghai lieber sein Schnitzel essen möchte! Er hält sich an Verkehrsregeln, spielt gut Fußball, ist sauber – und all those sausages, all that beer!

Negativ werden im Ausland folgende Merkmale genannt: Humorlosigkeit, Unfreundlichkeit, Sturheit, Neid, mangelnde Flexibilität, Besserwisserei, Verschlossenheit. Deutsche würden sich schlecht (gekleidet) im Ausland benehmen.

Selbst halten sich Bundesbürger für ziemlich pessimistisch. Sie jammern gern. Und auch dies: Der Deutsche macht es sich gemütlich, aber ungern Schulden. Er verwendet Zeit darauf, die Zukunft zu prognostizieren, und liegt dabei oft daneben. Er ist ziemlich um seine Gesundheit besorgt, hat eine generelle Neigung, alles fein säuberlich zu sortieren und gewissenhaft zu trennen – nicht nur seinen Müll, nein, auch zwischen Freunden und Bekannten, Privat- und Arbeitsleben, damit auch zwischen Spaß und Pflicht.

Arbeiten Chinesen und Deutsche miteinander, lernen sich also näher kennen, werden diese Stereotypen bestätigt oder widerlegt: Bundesbürger bemühen sich um einen Einblick in die fremde Kultur, meinen sie – wohingegen Chinesen ihre eigene Kultur oft für das Maß aller Dinge halten. Und sind dann entsprechend entsetzt, wenn Deutsche weit weniger flexibel reagieren als sie, zum Beispiel auf Verbote, Gesetze oder verabredete Uhrzeiten. Sie bemängeln die *Kälte* vieler Deutschen, ihre Gleichgültigkeit in Bezug auf (Gast-)Freundschaft und das Erlernen der chinesischen Sprache/-n. Viele Chinesen haben zudem den Eindruck, dass die Deutschen zu wenig über China wissen. Arroganz und auch Aggressivität ist zuweilen auf beiden Seiten zu spüren, weil anders agiert wird, als die jeweilige Partei dies für richtig hält.

Das Allerschlimmste an Klischees ist: Sie stimmen alle! Irgendwie.

2. Die Stellung der Frau

„Frauen tragen die Hälfte des Himmels."
(Mao Tse-tung)

Eigentlich sollte in China Gleichberechtigung herrschen. Das wird schon durch das chinesische Yin-Yang-Zeichen symbolisiert. Es stellt die helle männliche und die dunkle weibliche Seite dar. Sie sind in Wechselwirkung miteinander, um idealerweise eine Balance zwischen beiden Seiten zu halten.

Übrigens: Geschäftlich kommt es ausschließlich auf die Hierarchie und die Position an und weniger darauf, Damen den Vorrang zu lassen. Ein Mann darf aber trotzdem ein Gentleman sein und Damen die Tür aufhalten. Durch die Ein-Kind-Politik sind Frauen im heiratsfähigen Alter begehrt und laut einer Studie werden 2020 rund 24 Millionen Männer ohne Frauen leben. Deshalb gibt es zum Beispiel im Volkspark in Shanghai jedes Wochenende einen Heiratsmarkt. Auf kleinen Zetteln und Plakaten werden Singles von ihren Eltern angeboten: „Wohlhabender Mann mit BMW sucht hübsche Frau."

Der Status der Frauen in China wurde jedoch lange durch den Konfuzianismus, das patriarchalische Familiensystem und die seit 1979 eingeführte *Ein-Kind-Politik* beeinflusst. Dies bedeutet, dass auch heute noch auf 100 neugeborene Mädchen 121 Jungen kommen. Männliche Stammhalter werden bevorzugt und weibliche Föten werden manchmal abgetrieben, obwohl dies verboten ist. Auch heute noch bezahlt der Bräutigam eine Ablösesumme an die Eltern der Braut. Dies hat jedoch eher eine symbolische Bedeutung und ein Großteil des Geldes wird wieder zurückgegeben. Immer noch halten sich einige reiche Geschäftsmänner junge und hübsche Nebenfrauen (Konkubinen), die als Statussymbol dienen (obwohl dies illegal ist).

In den Großstädten und im Geschäftsleben hat man als Frau heutzutage keine Nachteile mehr und wird mit Respekt behandelt. Es kann sogar Vorteile haben, als Frau geschäftlich unterwegs zu sein, da sie am nächtlichen Kampftrinken und in Massage-Salons nicht teilnehmen muss.

Inzwischen sind weltweit die geschäftlich erfolgreichsten Frauen, die ihr Vermögen selbst erarbeitet haben, Chinesinnen. Nach der neuesten Liste des US-Wirtschaftsmagazins Forbes kommt jede zweite *Selfmade-Milliardärin* aus China. Viele Frauen haben heutzutage auch hohe Führungspositionen und werden durch ihren Erfolg die *Tigerfrauen* genannt.

2. Die Stellung der Frau

„Männer und Frauen sind gleichberechtigt", so heißt es in *Artikel drei* des Grundgesetzes. Tatsächlich sind Frauen und Männer noch längst nicht überall gleichgestellt. Gerade im Berufsleben herrschen viele Ungleichheiten – die Gehaltslücke für gleiche Arbeit zwischen Männern und Frauen in Europa ist nirgendwo so groß wie in Deutschland. Viele Frauen fühlen sich überqualifiziert und unterbezahlt. Zwar ist nahezu die Hälfte der in Deutschland Beschäftigten weiblich

– doch liegt das Arbeitsvolumen der Frauen bei nur knapp 43 %, weil über die Hälfte der berufstätigen Frauen in Teilzeit arbeitet. Insgesamt sind Frauen in Top-Führungspositionen immer noch recht selten anzutreffen.

Auch ist das stereotype Bild eines Topmanagers in der Gesellschaft stark *männlich* geprägt. Viele Frauen in Führungspositionen haben daher immer noch das Gefühl, sehr männlich wirken zu müssen, um erfolgreich zu sein.

Nach den Plänen der Bundesregierung 2014 sollen in Aufsichtsräten börsennotierter Unternehmen ab dem Jahr 2016 mindestens 30 % Frauen vertreten sein. Darüber hinaus müssen große Unternehmen ab 2015 eigene verbindliche Ziele für die Erhöhung des Frauenanteils in Aufsichtsrat, Vorstand und den obersten Management-Ebenen definieren und veröffentlichen.

Viele berufstätige deutsche Mütter bleiben nach der Geburt ihres Kindes ein bis zwei Jahre zu Hause. Sie fühlen sich selbst als *Rabenmutter* (und es wird ihnen eingeredet!), wenn sie nach der Babypause sofort wieder arbeiten gehen würden.

Der Standard der Zivilisation maß sich in den westlichen Ländern immer daran, wie zuvorkommend und rücksichtsvoll Frauen behandelt wurden. In Deutschland dagegen, und besonders in Preußen, gab es zwei stilprägende Milieus, die beide *frauenlos* waren: das Militär und die Universität. Daraus entwickelten sich zwei machistische Milieustile, die nach der Reichseinigung auf die bürgerliche Verhaltenskultur durchschlugen: der militärische Kommandoton des Reserveoffiziers und die Gespreiztheit und Pompösität des deutschen Professors. Beide sind in der antiautoritären Gesellschaft untergegangen. (Auszug aus „Bildung" von Dietrich Schwanitz, 1999)

Höflichkeitsgesten sind im Berufsleben keine Einbahnstraße von Mann zu Frau mehr. Ist *Ladies first* also überholt? Im Beruf auf jeden Fall – sonst zahlt SIE für Kavaliersgesten einen hohen Preis, nämlich die Verdrängung in die Passivität. Höflichkeitsgesten hängen im Berufsleben von der beruflichen Rolle ab. Ist SIE die Macherin, obliegen IHR auch alle diesbezüglichen starken Signale. SIE ist aktiv, wenn sie als Gastgeberin die Restaurant-Rechnung übernimmt, wenn sie ihrem Kunden die Bürotür aufhält, ihn aktiv zum Platznehmen auffordert, ihm anschließend den Vortritt in den Fahrstuhl lässt.
Geblieben ist, dass Frauen im Pri-

> vatleben im Rang höher stehen als Männer und dass selbstbewusste Frauen auch heute noch ehrlich gemeinte und souverän ausgeführte Kavaliersgesten zu schätzen wissen. Falls nicht, signalisieren sie freundlich, dass sie das nicht wünschen.

3. Erste Geschäftskontakte

Früher erhielten Ausländer ihre Geschäftskontakte hauptsächlich über Beziehungen. Dabei war es wichtig, viele einflussreiche Leute, die einen weitervermitteln konnten, zu kennen. Oft wurde auch gezielt ein Mittelsmann eingesetzt. Heute sind Beziehungen immer noch wichtig, doch es gibt viele andere Wege, um an potenzielle Kunden und Aufträge zu kommen.

Zum Beispiel organisieren *Deutsche Auslandshandelskammern* (AHK), Ämter, Gesellschaften und Wirtschaftsvereinigungen Delegationsreisen oder können eine Messe weiterempfehlen. → *Messe*

Es gibt auch jede Menge Fachzeitschriften, Zeitungen, Verbände und Wirtschaftszonen, in denen Geschäftsleute Kunden ausfindig machen können. Die meistbenutzte Kontaktanbahnung ist heute das Internet oder Portale wie zum Beispie Alibaba, Trade/Business Councils. Dort können Ausländer sich über chinesische Firmen und deren Produkte informieren oder selbst ihre Waren oder Services anbieten. Egal auf welchem Weg ein Geschäftspartner kennengelernt wird, es ist immer wichtig, eine genaue Recherche zu machen und sich die Firma persönlich anzusehen.

3. Erste Geschäftskontakte

Seine persönlichen Beziehungen spielen zu lassen, ist natürlich durch fast nichts zu übertreffen. Um Geschäftskontakte zu generieren, können soziale Netzwerke wie XING, Linked-in und andere sehr hilfreich sein; ferner Portale, in denen alle deutschen Unternehmen gelistet sind, Branchen-Portale wie VDMA (Verband Deutscher Maschinen- und Anlagenbau e.V. – www.vdma.org) sowie Deutsche Auslandshandelskammern (AHK).

Effizientes Networking findet nirgends besser statt als im direkten Face-to-Face-Austausch. Moderne Business-Clubs wie der *Berlin Capital Club*, die *Hanse Lounge* in Hamburg oder der *Rotonda Business Club* in Köln bieten Geschäftsleuten, Managern oder Politikern ersten Ranges den Raum für geschäftliche Meetings und Kongresse.

Zu deutschen Unternehmen kann auch direkt per E-Mail Kontakt aufgenommen werden. Die Unternehmen stellen sich im Internet durchweg realistisch dar, auch mit schön produzierten Videos. Obwohl auf der Konzernwebsite Besucher emotional eingefangen werden durch Geschichten von Mitarbeitern und dem Angebot von gruppenspezifischen Einstiegen für künftige Mitarbeiter, teilen jedoch sehr viele Firmen nicht mit, warum man sich ausgerechnet bei ihnen bewerben soll. Auch das einheitliche Gesamtbild fehlt auf vielen Unternehmenswebsites. Internationale Personalberatungen sind auf einen laufenden Zustrom an Talenten angewiesen und schauen sich frühzeitig an den Hochschulen um (Campus-Recruiting).

So mancher Deutsche tut sich im persönlichen Gespräch damit schwer, seine fantastische Unternehmenskultur zu erwähnen, die Tradition seiner Firma und die Stärke seiner Vorgesetzten zu benennen. Auch Persönlichkeiten, die er kennt, wird der sensible Deutsche zögerlich hervorheben. *Name-Dropping* wird oft als Angabe empfunden – anders als in China. → *Messe*

In folgenden Kategorien wird 2014 verstärkt Personal gesucht:

- IT

- Beratungstätigkeiten

- Finanzen & Buchhaltung

- Vertrieb

- Ingenieurswesen

4. Der erste Eindruck

Der erste Eindruck kann täuschen. Chinesen sind Meister der Gesichtsfassade und verstehen es, einen perfekten ersten Eindruck zu hinterlassen. Ein Kunde wird oft überwältigt sein von der Gastfreundschaft, von Empfangskomitees und optimal geplanten Ausflügen, Geschäftsessen und Besprechungen. Deutsche Unternehmer sollten sich nicht blenden lassen vom ersten Eindruck und der großen Show, sondern sich mehr Zeit nehmen, um den neuen Geschäftspartner in China besser kennenzulernen.

4. Der erste Eindruck

Er entsteht in unglaublich kurzer Zeit: Bereits nach 150 Millisekunden wissen wir schon, ob wir unser Gegenüber sympathisch oder unsympathisch finden. Je positiver der erste Eindruck ist, desto besser gelingt die Kommunikation. Der Deutsche ist sich dessen bewusst und möchte in den ersten Minuten einer (neuen) Begegnung so positiv wie möglich rüberkommen. Er wird freundlich sein, Smalltalk machen (auch wenn er sich dabei ein wenig schwer tut) und sich an seine Gastgeberaufgaben erinnern. Der erste Business-Kontakt wird angenehm sein, jedoch nicht überschwänglich. Westliche Frauen praktizieren das ihnen gewohnte *offene Blickverhalten*. Dies kann bei interkulturell unerfahrenen Männern, die weibliche Blickvermeidung gegenüber männlichen Personen gewohnt sind und erwarten, zu Fehlinterpretationen führen.

5. Körpersprache

Gestik, Mimik und die gesamte Körperhaltung sind wenig ausgeprägt. Dadurch können viele Deutsche die Chinesen schwer einschätzen. Doch die Zurückhaltung bedeutet Respekt und Höflichkeit. Außerdem will ein geschäftstüchtiger Manager seine Pläne bei Verhandlungen nicht durch die Körpersprache preisgeben. Es wird als klug angesehen, ein *Pokerface* zu zeigen und freundlich zu lächeln. Zudem sind viele Chinesen sehr höflich und gastfreundlich.

„Man meistert das Leben lächelnd oder gar nicht."
(Chinesisches Sprichwort)

Der Ausdruck von Emotionen in der Öffentlichkeit ist sehr zurückhaltend und schwerer zu deuten. Wenn Emotionen direkt gezeigt werden, kann das signalisieren, dass derjenige sich nicht kontrollieren kann und dabei das Gesicht verliert. → *Gesicht*

Dies heißt nun nicht, wie viele Deutsche annehmen, dass Chinesen keine Emotionen haben oder zeigen. Chinesen zeigen sehr wohl ihre Emotionen und können zum Beispiel bei Geschäftsessen sehr herzlich lachen und lustige Witze erzählen. Sie können genauso wie Deutsche auch sehr wütend oder traurig reagieren.
→ *Lächeln und Lachen* → *Humor* → *Kritik*

Die Körpersprache ist eher zurückhaltend und bescheiden und man vermeidet Körperkontakt und Umarmungen zur Begrüßung. Deutsches Schulterklopfen ist unüblich. Das Senken der Augen und des Kopfes bedeutet Respekt dem Geschäftspartner gegenüber, besonders wenn dieser spricht oder eine Rede hält. Zum Beispiel wenn ein chinesischer Vorgesetzter eine Rede hält oder beim Essen mit seinen Mitarbeitern spricht, werden diese dabei den Kopf senken.

5. Körpersprache

„Der Körper ist der Übersetzer der Seele ins Sichtbare", sagte schon der Dichter Christian Morgenstern (1871 – 1914).

Durch Gestik, Mimik, die gesamte Haltung und Bewegungen verraten wir unsere wahren Gedanken und Gefühle. Die Deutschen äußern ihre Gefühlszustände nachdrücklich – aber eigentlich funktionieren sie verbal. Sie möchten möglichst authentisch, vital, agil rüberkommen. Dafür tun sie einiges. Viele haben eine Mitgliedschaft in einem Fitnessstudio, schwitzen an Foltergeräten, stählen so ihren Body, saunieren und ernähren sich zusätzlich von Iso-Sport-Drinks.

Übrigens: Eine deutsche Sauna wird unbekleidet betreten. Hausordnungen von Fitness- und Wellness-Einrichtungen sind zwar keine Strafkataloge, aber wer sich nicht an sie hält, muss mit Konsequenzen rechnen.

Deutsche sind irritiert, wenn vom Gegenüber keine unmittelbare Reaktion auf ihre Kommunikation kommt, wie zum Beispiel zustimmendes Kopfnicken oder ein ablehnendes Nein. Bei Unterhaltungen schaut man sich direkt in die Augen,

Herr Müller und Herr Hansen können nicht besonders gut miteinander. Sie würden sich gerne gegenseitig aus ihrem Leben ausschließen – wegsperren. Geht aber nicht. Heute müssen sie im Meeting wieder einen ihrer „Ich-bin-besser-als-du-Kämpfe" austragen. Um sich mit Blicken nicht zu sehr ins Gehege zu kommen, wenden sie den **Blickkontakt-Trick** an: dem anderen auf die Nasenwurzel schauen, nicht in die Augen. Ab einem Meter Körperabstand nimmt der andere das Schummeln nicht wahr.

das wirkt verbindlich, interessiert und zeugt von Selbstsicherheit. In den Augen des anderen wird nach dessen ehrlichen Absichten gesucht.

Männern wird nahegelegt, beim Stehen und Sitzen besonders auf ihre Beinstellung zu achten: extra breit ist sehr unvorteilhaft, provoziert unnötig und macht unflexibel. Frauen vermeiden Verlegenheitsgesten und unsicheres Lächeln → Lächeln und Lachen.

Das Zeigen der Schuhsohlen bei übereinandergeschlagenen Beinen gilt (auch) in Europa als unelegant.

6. Gesten

Alle auffälligen Gesten – herbeiwinken, mit dem Zeigefinger auf jemanden zeigen, mit den Fingern schnalzen, pfeifen und mit den Armen herumfuchteln – sind eher unhöflich und sollten unterlassen werden.

Wenn Chinesen auf Personen zeigen, tun sie dies mit der ganzen offenen Hand. Möchten sie jemanden herbeiwinken, wird dies mit der offenen Handfläche getan, dabei werden die Finger nach unten bewegt. Auch das typisch deutsche Schulterzucken oder das Daumendrücken wird eher nicht verstanden.
Mit dem Kopf nicken bedeutet aber nicht wie in Deutschland, dass der Geschäftspartner einverstanden ist, sondern nur, dass er zuhört.

Es wirkt besonders unhöflich und überheblich, mit der Faust auf den Tisch zu schlagen, die Arme vor der Brust zu verschränken oder die Hände in die Hüften zu stützen. Europäer, die vor Wut und Ärger kochen und ein hochrotes Gesicht bekommen, werden manchmal absichtlich noch weiter aus der Reserve gelockt, um Zugeständnisse zu erhalten/machen.

Weitere Gesten sind Handzeichen für die Zahlen 1 – 10, die völlig anders sind als in Deutschland. Zum Beispiel bedeutet der ausgestreckte Daumen und Zeigefinger die Zahl 8. Wenn man die rechte Handfläche über die linke Faust legt, ist das eine Begrüßungsform und wird auch als Symbol für Danke benutzt. An Chine-

sisch Neujahr wünscht man sich mit diesem Handzeichen viel Glück und Wohlstand. → *Feste*
→ *Bedeutung von Zahlen*

Übrigens: Das Ablecken von Briefmarken oder der Finger, um Bücher-/Zeitungsseiten umzublättern, ist nicht üblich und wirkt eher abstoßend.

6. Gesten

Deutsche unterstreichen das Gesagte durch entsprechende Gesten. Je nach Temperament stärker oder schwächer.

- Eine einfache deutsche Gebärde ist zum Beispiel der erhobene Zeigefinger: Achtung, Belehrung! Kommt auch bei den eigenen Landsleuten nicht gut an

- Hat jemand eine Aufgabe gut gelöst, kann es sein, dass der Ranghöhere dem anderen auf die Schulter klopft: „Gut gemacht!" Dazu muss jedoch schon ein gewisses Vertrauensverhältnis bestehen

- „Ich drücke Ihnen die Daumen für das Projekt!" Dann wird der Daumen mit der Handfläche umschlossen und gedrückt etwas hochgehalten – das bedeutet *viel Glück*

- Der Deutsche zählt oft die einzelnen Punkte (zum Beispiel bei seiner Präsentation) mit seinen Fingern ab: „Erstens, zweitens, drittens ..." (Daumen, Zeigefinger, Mittelfinger ...)

- Okay – ist gut gelaufen! Daumen und Zeigefinger werden zu einem aufrechten Ring geschlossen. Ein weiteres Okay-Zeichen ist der weitverbreitete aufgerichtete Daumen bei geschlossener Faust (auch Tramperzeichen)

- Durch in die Hüfte gestemmte Arme und breitbeinige Stellung versucht der Gesprächspartner, den Druck zu vergrößern

- Wenn ein Deutscher nickt, heißt das, dass er mit etwas einverstanden ist. Nickt er, während jemand anderes spricht, stimmt er dem Gesagten zu. Das Nicken ist hier auch ein Zeichen dafür, dass er aufmerksam zuhört und interessiert ist

- Das sollte unterbleiben: Hände in Hosen- oder Jackentasche vergraben – vor allem beim Begrüßen, gähnen ohne Hand vor dem Mund.

7. Lächeln und Lachen

„Lächle und Du bist zehn Jahre jünger."
(Chinesisches Sprichwort)

Das berühmte chinesische Lächeln kann viele Bedeutungen haben. Meistens lächeln Chinesen aus Höflichkeit und Gastfreundschaft. Aber auch, um peinliche Situationen zu überspielen. Eigenes und fremdes Unglück, ja Verzweiflung, soll nicht benannt (und erkannt) werden. Wie leicht kann dabei das eigene Gesicht oder das des Gegenübers verloren werden. Aber am liebsten lachen Chinesen aus Schadenfreude, behaupten böse Zungen. Man könne Pekingern keine größere Freude machen, als gegen einen Laternenpfahl zu laufen!

Feiert der Chinese, ist er schnell sehr lustig. Gut gelaunt verbringt er seine Zeit bei Festen und Banketten. Die beliebte Freizeitbeschäftigung Karaoke-Singen nicht zu vergessen – hierbei wird viel gescherzt und gelacht. Dem deutschen Geschäftsmann sei geraten, einige chinesische Lieder zu lernen. Eines heißt: 月亮代表我的心, *yuèliàng dàibiǎo wǒde xīn, The moon represents my heart. Der Mond steht für mein Herz.* Sehr hilfreich ist es auch, einigermaßen textsicher bei den populärsten Popsongs zu sein. Man weiß ja nie, wem man imponieren will.

Chinesen haben allemal Humor und erzählen gerne Witze. Die chinesische Tonsprache eignet sich dazu besonders gut. Denn mit Metaphern und Zweideutigkeiten können viele indirekte amüsante Bemerkungen gemacht werden. Chinesische Opernsänger gelten als wahre Meister in der Darstellung der vielen verschiedenen Nuancen des Lächelns und Lachens! Durch Gesang, Tanz, Akrobatik und Instrumentalspiel werden die feinen Unterschiede unübertrefflich ausgedrückt.

7. Lächeln und Lachen

Deutsche lächeln meistens zur Begrüßung, wenn sie sich freuen, wenn sie Menschen um einen Gefallen bitten, für etwas danken, aus Höflichkeit; sie lächeln für ein Lob und manchmal aus Verlegenheit. Deutsche lachen über einen guten Witz, auch wenn sie ausgelassen sind, und manchmal aus Schadenfreude. Sehr laut herausprustendes Gelächter wirkt häufig ein wenig peinlich – vor allem bei Frauen.

Oft wird das Lachen von Frauen differenziert und gezielt eingesetzt, etwa um bestimmte Botschaften zu übermitteln oder um Redebeiträge in verschiedene Ab-

schnitte zu unterteilen. Ein Gespräch verläuft so reibungsloser. Wer das Lachen der Frauen als Unsicherheit oder Bescheidenheit interpretiert, liegt meistens falsch. Das Gegenteil – nämlich Ausdruck eines selbstbewussten Auftretens – ist vor allem bei jüngeren Frauen der Fall.
Begegnen sich Deutsche, die sich fremd sind, nehmen sie sich (nur) zur

„Der Blick ist das Abbild der Seele", meinte Cicero, „und die Augen verraten ihre Absichten." Schon immer wussten westliche Menschen, dass die Augen der aufschlussreichste Teil eines Gesichts sein können.

Kenntnis. Ihr Gesichtsausdruck ist dabei neutral, auf keinen Fall finster, wie zum Beispiel Amerikaner meinen. Diese bezeichnen das nicht vorhandene Mienenspiel als *German death look*. Deutsche lächeln meistens nur dann, wenn sie die Person, die ihnen entgegenkommt, kennen oder bei oben genannten Anlässen. Daher bezeichnet man das deutsche Modell als Anlasslächeln. → *Humor*

8. Distanz wahren

In China ist die Distanzzone bei geschäftlichen Begegnungen größer als in Deutschland und beträgt ca. 80 – 100 cm. Auf körperliche Berührungen wie zum Beispiel Umarmungen wird verzichtet. Wenn Chinesen gleichen Geschlechts in der Öffentlichkeit Hand in Hand (Arm in Arm) gehen, bedeutet das tiefe Freundschaft und Vertrauen. Es hat nichts mit Homosexualität zu tun.

Übrigens: Beim Drängeln in öffentlichen Verkehrsmitteln, im Aufzug und in Geschäften wird die Distanzzone auf 0 cm reduziert!
Im Aufzug wird übrigens mehrmals auf die Taste des gewünschten Stockwerks und auf den Türschließen-Knopf gedrückt, mit der Hoffnung, dass es dann schneller geht. Außerdem versuchen sich Chinesen immer noch einen winzigen Platz zu ergattern auch wenn der Aufzug schon gestopft voll ist.

8. Distanz wahren

Jede Kultur lebt den Menschen von Kindheit an eine Raumordnung vor, die sie unbewusst prägt. Dieses *Territorium* wird der Mensch als sein Gebiet für sich beanspruchen und auch verteidigen. Nur wenige dürfen diesen Bereich betreten. Wird er eingeengt, kann der Mensch aggressiv werden, weil er sich unwohl fühlt.

Wenn man jemanden zum ersten Mal trifft, sind im deutschen Kulturkreis etwa 60 cm Körperabstand zum Gegenüber passend. Berührungen – abgesehen vom Handschlag – sollten vermieden werden. Weniger als 50 cm Abstand gibt es nur unter guten Freunden. Berührt man jemanden unabsichtlich, bittet man sofort um Entschuldigung: „Oh, pardon, das war keine Absicht!"

Leichte Berührungen sind häufig ein intrakulturelles Problem. In Süddeutschland passieren solche kleinen *Übergriffe* häufiger als in Norddeutschland. Es sind meistens unbewusste, nett gemeinte Reaktionen.

Viele Deutsche finden es aufdringlich/zu persönlich, fremden Menschen in die Augen zu sehen (etwa im Fahrstuhl). Leider auch auf der Straße, wenn man von A nach B geht. Und so streift man schon mal jemanden. Viele Menschen merken nicht, wenn jemand (evtl. voll beladen) an ihnen vorbeigehen möchte. Erst wenn man darum bittet, wird Platz gemacht. Apropos Fahrstuhl: Beim Zutritt zu Liften in Hoch- oder Kaufhäusern wird der Deutsche höflich handeln und sich nicht mit anderen drängelnd hineinquetschen. Er empfindet dieses undisziplinierte Verhalten sehr merkwürdig, vor allem wenn die Leuchtanzeigen der Stockwerke versprechen, dass in wenigen Sekunden der nächste Fahrstuhl kommt. Auch wird er nicht wie wild sofort nach dem Einstieg die Türknöpfe auf *Schließen* drücken!

II. Erscheinungsbild

9. Eine gepflegte Erscheinung

Schweißgeruch ist bei Chinesen weniger stark verbreitet, dadurch hält sich der Geruch bei Massenveranstaltungen und in öffentlichen Verkehrsmitteln in der Sommerhitze in Grenzen. Wenn deutsche Touristen oder Geschäftsmänner stark transpirieren, wird das zwar als unangenehm empfunden, jedoch ignoriert, um das Gesicht aller zu wahren.

Viele Frauen tragen einen Fächer, Sonnenhut oder Schirm bei sich, um sich vor Sonnenstrahlen und ungewollter Bräune zu schützen – weiße Haut ist edel und vornehm. Nur Wohlhabende können sich helle Haut leisten, da sie nicht auf der Straße oder auf dem Reisfeld arbeiten müssen und dabei ungewollt braun werden. Deshalb gehen die Chinesen auch nicht in Sonnenstudios, um sich die Haut zu bräunen. Solarien gibt es selten in China. Das Schönheitsideal ist ein heller Teint – wie Porzellan. Blass sein ist wunderschön!

Geschäftsleute und die jüngere Generation legen heutzutage sehr viel Wert auf ein positives Erscheinungsbild, dabei werden Markennamen und Luxusartikel zur Schau gestellt.

Auf dem Land begegnet man immer noch Männern, die einen langen Fingernagel am rechten kleinen Finger tragen. Dies ist traditionell ein Statussymbol und zeigt, dass man sich die Hände nicht bei manueller Arbeit schmutzig machen muss. Warzen im Gesicht mit langem *Hexenhaar* (Mao Tse-tung) und lange Ohrläppchen (Buddha-Figuren) gelten als Glücksbringer.

Männer tragen keinen Bart, da Bärte traditionell für Großväter reserviert waren. Außerdem wachsen bei Chinesen sowieso die Gesichtshaare weniger kräftig und sind schnell wegrasiert.

Färbemittel gehören zum Standardsortiment in jedem Supermarkt. Männer lassen sich ihre Haare regelmäßig nachschwärzen und Frauen färben sich heutzutage gerne die Haare in rötlicher oder brünetter Tönung.

Übrigens: Chinesen duschen oder baden lieber abends, nicht wie die Deutschen am Morgen. FKK und Baden oben ohne sind nicht erlaubt. Frauen sollten immer einen Badeanzug tragen und keine Körperbehaarung haben.
Als Mann können Sie sich mit Bart, grauen Haaren und Brille älter stylen und damit einfacher Respekt, Status und Hierarchie verdienen. Hohes Alter wird mit mehr Respekt behandelt!

China hat momentan einen stark steigenden Markt an westlichen Kosmetik und Körperpflegeprodukte. Durch wachsende Männermagazine wird auch das Idealbild von Männern in China geprägt. Männer besuchen Schönheitssalons und lassen sich das Gesicht peelen und Augenringe abdecken.

Die meisten Pflegeprodukte in China haben optische Aufheller, und es ist schwierig für Ausländer normale Cremes ohne Aufheller zu finden.

9. Eine gepflegte Erscheinung

Der Deutsche empfindet sich als reinlich – ein der Sauberkeit verpflichtetes Volk. Betrachtet man die Werbung, muss Wäsche nicht nur sauber, sondern makellos sein. Vom Fußboden muss man essen können – als ob das jemand wollte. Hochmütig klingt es zuweilen, wenn der Deutsche über Hygienestandards fremder Völker berichtet. Dabei halten heute noch viele deutsche Reisende das Bidet für ein Fußbad oder eine zweite Toilette.

Also frisch geduscht muss man sein mit gewaschenem Haar, da sind sich die meisten einig. Mit einer sorgfältigen Rasur und regelmäßiger Maniküre sind Mann und Frau für den Job gerüstet.

Der perfekte Gesamteindruck wird durch angenehmen Körpergeruch abgerundet. Parfums und Aftershaves werden gerne benutzt. Ist der Körperduft jedoch unangenehm, so ist das meistens ein hygienisches Problem, selten ein medizinisches. Im Gegensatz zu Chinesen, die kaum oder keinen Achselgeruch kennen, haben Deutsche zwei bis vier Millionen Duftschweißdrüsen. Es wird als schwierig empfunden, Mitarbeiter oder Kollegen auf störende Körpergerüche aufmerksam zu machen. Das delegiert man lieber, obwohl es Chefsache wäre. Ausdünstungen von Knoblauch werden als sehr störend empfunden – viele Deutsche verzichten während der Arbeitswoche auf diesen Genuss.

Ein verbreitetes deutsches Schönheitsattribut seit den 1960er-Jahren ist gebräunte Haut – als die

Es war einmal ... Jede Zeit hatte ihren eigenen Maßstab gegenüber Gerüchen: Im 18. Jahrhundert galt es als ungesund, ja schädlich, sich mit Wasser zu waschen. Parfum in rauen Mengen reichte vollkommen aus, um gepflegt zu erscheinen. Auch Duft-Flacons wurden um den Hals und am Gürtel getragen. Erst zu Beginn des 19. Jahrhunderts erlaubte die Kirche das Baden – aber nur, wenn es der Reinigung diente und nicht der Wollust! Katharina die Große schnupfte übrigens nur mit der linken Hand, damit die rechte zum Kuss duftfrei blieb.

besseren Kreise, die sich davor durch vornehme Blässe abhoben, das Mittelmeer als Ziel ihrer Urlaubsreisen entdeckten und die braune Haut zuhause zur Schau stellen wollten. Braune Haut signalisiert nicht mehr nur Erfolg – mit dem Wissen um die Gefahren der Sonnenbestrahlung sind viele Deutsche vorsichtiger geworden.

10. Körpergeräusche

In China ist fast alles erlaubt: Schlürfen, schmatzen, spucken, die Nase mit den Fingern schnäuzen und andere Geräuschentwicklungen. Das kann für den Deutschen irritierend sein. Natürlich gehören diese Geräusche auch für Chinesen nicht wirklich zum guten Ton und sollten nicht nachgeahmt werden. Inzwischen stehen in Großstädten überall Schilder, die das Spucken mit Geldbuße bestrafen. Es wird zwar noch geschmatzt, besonders wenn man es beim Essen eilig hat, aber es bedeutet nicht, dass es höflich ist. Westliche Manieren sind angesagt.

Übrigens: Seit 2013 gibt es einen Katalog an Benimmregeln für chinesische Touristen. Dadurch will die Regierung die Menschen zu mehr Anstand auffordern. Außerdem werden neuerdings auch westliche Benimmregeln an allen Schulen in China unterrichtet.

10. Körpergeräusche

Es sollte selbstverständlich sein, in der Öffentlichkeit möglichst alle lauten Geräusche zu vermeiden! Deutsche hört man oft sehr laut niesen und geräuschvoll ins Taschentuch schnäuzen – was Ästhetik vermissen lässt.

11. Kaugummi

Lautes Kauen mit offenem Mund und Schmatzen ist auch in China unhöflich, egal ob beim Essen oder beim Kaugummi kauen.

Für frischen Atem sind Pfefferminzbonbons besser geeignet. Laut eines Zeitungsartikels von 2009 werden (sogar) angehende Astronauten mit Karies und schlechtem Atem disqualifiziert.

11. Kaugummi

Schlechter Atem ist peinlich und deswegen kauen viele Menschen Kaugummi. Überall dort, wo man mit jemandem ins Gespräch kommen könnte, sollte jedoch darauf verzichtet werden. Zudem sieht Kaugummikauen bei den meisten Leuten ziemlich vulgär aus, weil sie ihren Mund dabei offen haben, schmatzen und eventuell auch gedankenverloren *Blasen* fabrizieren. Das sollte den Mitmenschen nicht zugemutet werden! Beseitigt wird die Kaumasse mithilfe eines Papiertaschentuch oder ähnlichem – und dann ab in den Mülleimer.

12. Taschentuch

Traditionell ist es Chinesen zuwider, sich mit einem Papiertaschentuch die Nase zu putzen. Der Schleim wurde früher einfach hochgezogen oder durch Hinausblasen oder Ausspucken entsorgt. Hochziehen bedeutete, bessere Körperbeherrschung zu haben, außerdem wollte man die Bakterien in einem Taschentuch nicht noch länger mit sich herumtragen. Inzwischen gibt es aber in Großstädten auch Schilder *No Spitting* und es werden bei Zuwiderhandlung Geldstrafen erhoben.

Tipp: Bei Tisch sollten Sie sich nicht die Nase schnäuzen und das benutzte Taschentuch auch noch einstecken! Dies gilt als sehr unhygienisch. Verlassen Sie dafür lieber den Raum und suchen Sie die Toilette auf. → *Tischsitten*

Üblich ist es neuerdings, Papiertaschentücher mit sich zu tragen, die auch als Servietten beim Essen, als Toilettenpapier oder im Sommer zum Abtupfen von Schweiß ihren Einsatz finden.

Bei Erkältungen und Smog in den Großstädten tragen viele Chinesen einen Mundschutz, um sich und andere zu schützen. Für Ausländer ist dies auch zu empfehlen. Den Mundschutz gibt es sehr günstig in Drogeriemärkten.

12. Taschentuch

In Deutschland putzt sich jeder die Nase, wenn es nötig ist. Mehr oder weniger laut. Weniger laut ist besser. Hochziehen ist zwar gesünder, aber nicht *comme il faut*. Papiertaschentücher sind bei starkem Schnupfen erlaubt, ansonsten gilt das Stofftaschentuch immer noch als stilvoller. Benutzte Papiertaschentücher sind Bazillenschleudern und werden deshalb möglichst schnell in geschlossene Behälter entsorgt.

Allgemein gilt: Wenig appetitliche Dinge erledigt man (auch) wegen der Ansteckungsgefahr mit der linken Hand: Husten (besser das Taschentuch vor den Mund halten), Niesen oder Naseputzen.

13. Kleidung im Berufsalltag

In Großstädten legen die Menschen sehr viel Wert auf modische, elegante Kleidung. Bei geschäftlichen Anlässen ist formelle Kleidung (dunkler Anzug/Krawatte/Kostüm/Hosenanzug) angesagt, aber Gäste können sich dem Anlass und Geschäftspartner entsprechend auch etwas anpassen und legerer auftreten. Jedoch werden Geschäftsleute in Jeans und T-Shirts nicht ernst genommen. Genauso sind schrille Farben und Muster unüblich.

Im Sommer ist es empfehlenswert, mehrere Hemden/Blusen zum Wechseln mitzunehmen. Es ist auch ratsam, eine Extrajacke oder einen Pullover bei sich zu haben, da Restaurants und öffentliche Räume stark klimatisiert sind. In manchen rein chinesischen Firmen sind jedoch die Arbeitsplätze und Büroräume im Sommer nicht klimatisiert und im Winter nicht genügend geheizt. Dies führt zu ungewöhnlicher Arbeitskleidung und man sieht Sekretärinnen im Winter mit dicker Jacke, Mütze, Schal und Handschuhen vor dem PC sitzen.

> **Übrigens:** In China gibt es eine offizielle Heizperiode, die gesetzlich regelt, dass vom 15. November bis zum 15. März geheizt wird. Dabei ist es egal, wie kalt oder warm es ist. Außerdem ändert sich der Kleidungsstil nach dem Mondfest. Da es dann kälter werden soll, zieht man immer eine Jacke oder einen Pullover an, und in Südchina geht man nicht mehr im Meer schwimmen.
> **Tipp:** Der sogenannte Zwiebellook und heißer Tee helfen bei Kälte im Büro. Zum Glück gibt es mittlerweile auch Klimaanlagen, die im Winter heizen, und mobile elektrische Heizkörper.

Frauen sollten konservative Kleidung bevorzugen und freizügige Ausschnitte, Miniröcke, nackte Schultern und offene Schuhe meiden. Seidenstrümpfe sind empfehlenswert auch bei subtropischem Klima.

Obwohl viel Wert auf seriöse Kleidung gelegt wird, sieht man im Sommer immer noch Männer (in der Freizeit und bei körperlicher Arbeit) mit hochgekrempelten Hosen und nacktem Oberkörper auf der Straße, und

> **Achtung:** Es ist schwierig, in China Kleidung, Strümpfe und Schuhe für Frauen ab Größe 40 und für Männer ab Größe 44 zu erhalten.

die ältere Generation liebt es, mit dem Schlafanzug einkaufen oder spazieren zu gehen. Früher war es ein Statussymbol einen schönen Schlafanzug auf der Straße zu präsentieren, heute ist es eher Bequemlichkeit. Bitte nicht nachahmen!

13. Kleidung im Berufsalltag

Dresscodes zählen zu den wichtigsten gesellschaftlichen Vorschriften - und entscheiden häufig über Akzeptanz und Erfolg.

Erfolgreiche Business-Menschen bevorzugen einen modischen, aber zurückhaltenden Kleidungsstil. In eher konservativen Unternehmen sollte man auf formelle Garderobe achten: Anzug mit Krawatte bzw. Kostüm oder Hosenanzug. Darf es etwas legerer zugehen, ist auch ein halbformeller Auftritt angemessen (etwa eine Kombination mit Rock/Bluse/Jacke und für IHN Blazer/Jackett in helleren Farben kombiniert mit dunkler Hose; die Krawatte darf nach Absprache wegfallen.

Wer das Jackett anbehält und geschlossen trägt, wann immer es geht, macht einen professionellen Eindruck. Dies gilt auch für Frauen bei offiziellen und gesellschaftlichen Anlässen – es verleiht ihnen Gewicht. Ansonsten kann man sich auch an seinem Gastgeber orientieren – bei großer Hitze wird er seine Gäste dazu auffordern, das Jackett abzulegen.

Im anspruchsvollen Business sollte auf Hemden mit kurzen Ärmeln verzichtet werden (schon gar nicht gleichzeitig mit einer Krawatte tragen, das ist ein Stilbruch!). Besser ist es, sich für den Sommer Kleidung aus leichten Materialien zuzulegen, denn viele Unternehmen in Deutschland verfügen über keine Klimaanlage.

In ganz wenigen (IT-)Firmen ohne Kundenkontakt dürfen Mitarbeiter im Sommer auch in kurzen Hosen und Sandalen erscheinen. Für alle anderen heißt der Dresscode für die Füße: geschlossene Schuhe in gedeckten Farben. Kniesocken verdecken im Sitzen (im Gegensatz zu kurzen Socken) zuverlässig die Männerwade. Weiße Strümpfe werden in Deutschland von medizinischem Personal, Bademeistern und auf dem Tennisplatz/Boot getragen – nicht von Geschäftsmännern. Der bunte Strumpf hat sich zu einem internationalen Code für Stil-Kenner entwickelt, macht sich jedoch im deutschen Business noch rar.

Kopfbedeckungen jeglicher Art sind in geschlossenen Räumen (außer in Kaufhäusern und Synagogen) abzunehmen, auch wenn sie angeblich zum Outfit gehören (Beanie-Mütze). Im Restaurant und bei einer privaten Einladung hängt man seine Jacke, falls möglich, an der Garderobe auf und nicht über die Stuhllehne.

Autoritätsverlust droht der Geschäftsfrau bei tiefen Ausschnitten, nackten Schultern, bauchfreien, hautengen oder transparenten Shirts und Blusen, Miniröcken, zu engen Kleidern, unbestrumpften Beinen. Wie luftig-leicht die Garderobe ausfallen darf, hängt auch von der Branche ab.

Fühlt sich der Chef statusmäßig vom Angestellten übertrumpft, könnte er leicht auf den Gedanken kommen, dass er diesem zu viel Gehalt zahlt. Das Gleiche gilt für die Kunden: Entdecken sie Luxus, den sie sich selbst nicht leisten können, ist Missgunst und *Preise runterdrücken* nicht weit entfernt.

Casual Friday: Manche Unternehmen bieten ihren Mitarbeitern an, freitags betont lässig ins Büro zu gehen – in Bluejeans, Hemd über der Hose, T-Shirt, bunter Bluse, kurzem Rock. Alles ganz locker, alles leger. Andere Unternehmen machen dabei nicht mit – sie meinen, der Casual Friday sei mausetot. Wie auch immer: Kleidung ist Kommunikation. Eine sehr deutliche sogar. Sie spricht Bände über den Träger. Freiwillig zurück zum Businesslook! Macht sich besser.

Der urbane Deutsche macht sich am Wochenende mit einem robusten Outdoor-Dress auf den Weg in die Natur. In dieser Kleidung könnte er auch den Himalaja besteigen! Eine ganze Industrie lebt von spezieller Kleidung für die einzelnen Sportarten – denn ohne entsprechende Sportkleidung kann man sich ja nicht sportiv betätigen!

Modeschöpfer Karl Lagerfeld: „Wer eine Jogginghose trägt, hat die Kontrolle über sein Leben verloren."

Pikant, aber nicht unwesentlich ist der Hinweis auf das lockere Verhältnis zur Nacktheit. Kaum klettern die Temperaturen über 22 Grad, sind halbwegs nackte Menschen in der Öffentlichkeit zu sehen. In Deutschlands Metropolen werden bei schönem Wetter die Grünanlagen kurzerhand zu FKK-Anlagen (Freikörperkultur) erklärt. Dann heißt es: Runter mit den Klamotten! Obwohl es Verordnungen gegen allzu freizügiges *Entblättern* gibt, wird dabei oft von den Ordnungshütern (Polizei) ein Auge zugedrückt – zum Beispiel in München.

„No shoes, no shirt, no service"! Der allzu freizügige Schönwetter-Look ist außer eventuell in sehr urigen, ländlichen Biergärten nicht stilvoll.
Wer nur in Badehose oder Bikini gekleidet durch ein Hotel zum Spa-Bereich geht, macht keinen guten Eindruck. In Bermudas und einem T-Shirt oder einem Strandkleid ist man passender angezogen. → *Wohnen im Hotel*

14. Accessoires

Achtung: Dreadlocks, Tätowierungen und Piercings sind in China im Geschäftsleben nicht gerne gesehen. Als Grund wird oft mangelnde Hygiene, starke Auffälligkeit oder negativer westlicher Einfluss genannt. Außerdem werden Tätowierungen auch der Zugehörigkeit von Triaden nachgesagt.

Nicht nur Kleider machen Leute, sondern auch die dazugehörigen Accessoires. In China wird Reichtum gerne zur Schau gestellt: Taschen, Uhren, Brillen und Schmuck sind Markenprodukte, die mit Stolz gezeigt werden.

14. Accessoires

Sie sollten edel und klassisch sein und zum Träger/zur Trägerin sowie zum Anlass passen. Stillos werden in Deutschland eingestuft: Kämme sichtbar in Hemd- oder Hosentasche, Schlüsselbund am Hosenbund, dicker Geldbeutel in der Gesäßtasche und die Sonnenbrille als Haarreif.

15. Schmuck

Am besten sollte einfacher, klassischer Schmuck getragen werden und davon nicht zu viel. Der chinesische Geschäftspartner zeigt gerne, was er diesbezüglich hat, möchte jedoch nicht übertrumpft werden.

Obwohl China ein sicheres Land ist, sollten Ausländer ihren Reichtum lieber nicht öffentlich zur Schau stellen. Beliebter Schmuck in China ist Gold (999er) und Jade, und die Nachfrage nach Diamanten wächst derzeit ständig.

15. Schmuck

In Deutschland reichen wenige Glanzstücke, um einen Mann im sachlichen Business zu schmücken: eine edle Armbanduhr, ein Siegel- oder Schmucksteinring, Manschettenknöpfe, eventuell abends eine Krawattennadel. Alles andere ist indiskutabel – wie Ohr- und Nasenringe, Gliederarmbänder, Schmuckplagiate.

Frauen verzichten in den meisten Berufen auf klirrenden Schmuck, drei Ringe verteilt auf zwei Hände sind genug. Als Faustregel gilt: Fünf Schmuckstücke pro Frau reichen aus.

Tipp: Sichtbare Piercings und Tattoos sowie andere Eyecatcher haben im seriösen Business nichts zu suchen.

16. Dresscodes

Bei formellen Anlässen ist der Dresscode meistens schriftlich angegeben. Bei Zweifel kann jederzeit beim Gastgeber oder im Restaurant/Hotel nachgefragt werden. Hier die wichtigsten Dresscodes, die von britischen Etiketteregeln übernommen wurden und hauptsächlich in Hongkong, Macao und in den chinesischen „First-Tier-Städten" (= Beijing, Shanghai, Guangzhou, Shenzhen) angewandt werden.

- *Formal: Morning Dress* (tagsüber) und *White Night* (abends)
  Dies ist sehr formell bei hoheitlichen Anlässen oder Galaveranstaltungen: Männer tragen Cutaway, weißes Hemd, Weste, Krawatte und Hut. Frauen haben Kleider (tagsüber = knielang, abends = Abendkleid), Hut und Handschuhe an.

- *Formal: White Tie* trägt man bei Bällen, in der Oper oder im Ballett
  Männer tragen Frack, weiße Weste, Hemd und weiße Schleife. Frauen sind mit einem ärmellosen langen Abendkleid bekleidet.

- *Semi-formal: Black Tie*
  Bei formellen Abendessen, Empfängen und Wohltätigkeitsbällen. Männer tragen Smoking, weißes Hemd, Weste und schwarze Schleife, Frauen lange Abendkleider.

- *Informal: Lounge Suite, Cocktail*
  Bei Cocktails und Abendessen tragen Männer Anzug, Hemd und Krawatte. Frauen tragen das kleine schwarze Kleid oder ein anderes knielanges Cocktailkleid.

- *Smart Casual* bedeutet legeres Business-Outfit – Tagesanzug für Männer, Kostüm für Frauen.

Im Büro, bei Besprechungen und beim Geschäftsessen ist immer konservative formale Kleidung angebracht: Dunkler Anzug mit Krawatte für Männer und ein Kostüm oder dunkler Hosenanzug für Frauen sind im Geschäftsleben ein Muss. Das traditionelle chinesische Kleid *Qipao* (旗袍) oder *Cheongsam* (長衫) ist bei jungen Frauen heutzutage auch wieder beliebt und wird zu besonderen Anlässen und Festen (Hochzeit, Chinesisch Neujahr) getragen.

16. Dresscodes

Tipp: „Heute Abend gehen wir in ein Bierlokal. Bitte kleiden Sie sich locker." Dann wählt man Jeans/Stoffhose, Hemd, Pullover oder ein Freizeitsakko (Rock, lange Hose, Bluse/Pullover/Jacke) – auf keinen Fall einen Jogginganzug! Heißt der *Dresscode Casual*, so bedeutet das im Grunde jegliche Art von Freizeitbekleidung, also auch Shorts, Flip-Flops und Turnschuh. Die Verfasserinnen warnen jedoch davor, sich in deutschen Restaurants und Hotels der gehobenen Klasse so zu präsentieren!

Bei eleganten (Abend-)Veranstaltungen sind schriftliche Kleidungsvermerke als Hinweis auf den Rahmen üblich. Sie sind bindend und zeigen Wertschätzung anderen gegenüber. Der Dresscode kann heißen: *Dunkler Anzug, Smoking, Dinnerjacket, Frack* – oder für eine Tagesveranstaltung: *Dunkler Anzug, Stresemann, Cut*. Damen kleiden sich entsprechend – von Kostüm/Kleid – zur langen Abendgarderobe. Wer sich bezüglich des Dresscodes nicht sicher ist, kann bei den Gastgebern oder deren Sekretariat nachfragen. In Großstädten ist es möglich, sich einen Smoking und ein Abendkleid auszuleihen. Kosten ab EUR 60,-. Im örtlichen Telefonbuch unter *Kostümverleih* suchen oder im Internet unter *Smoking-Verleih* oder *Smoking mieten*.

17. Schuhe ausziehen

Bei den meisten Familien ist es üblich, sich die Schuhe vor der Haustür auszuziehen. Dies kann man sofort an den dafür bereitgestellten Ablagen erkennen. Der Straßendreck soll draußen bleiben. Gäste sollten dafür ihre Sockenauswahl beachten!

In einfacheren und älteren Wohnungen dürfen die Schuhe anbehalten werden. Gäste werden dann auch mehrmals aufgefordert, mit Schuhen einzutreten. Alle Familienmitglieder lassen dann ebenfalls die Schuhe an – außer im Schlafzimmer.

17. Schuhe ausziehen

In Deutschland gilt es eher als Unsitte, seine Hausgäste dazu aufzufordern, sich ihrer Straßenschuhe zu entledigen. Wer in Anzug und Pantoffeln/Socken dasteht, verliert seine Souveränität und Professionalität, glaubt man. Wer als Gast bei einer Einladung schon damit rechnen muss, bringt am besten gleich ein Paar saubere, salonfähige Schuhe mit und wechselt diese möglichst schon vor der Tür. Der Gastgeber sollte das dann allerdings mitbekommen.

III. Begrüßungsrituale

18. Grüßen

Es wird stets mit einem freundlichen *„Nǐ hǎo /Nín hǎo!"*, 你好/您好 (Wie geht es Dir/Ihnen?) gegrüßt. Dann zeigt man noch Interesse an dem Vorhaben des Gegenübers. Zur Essenszeit hört man auch: *„Chi fan le ma?"*, 吃饭了吗, („Haben Sie schon gegessen?") Da es während der Kulturrevolution wenig zu essen gab, bedeutet dieser Gruß, dass es einem gut geht und man zu essen hat. Natürlich wird keine genaue und ausführliche Antwort darauf erwartet. Ein kurzes freundliches Nicken reicht aus.

Als freundliche Antwort kann auch gesagt werden: *„Wǒ hěn hǎo"*, 我很好 („Danke, es geht mir gut.") , *„Nǐ nē?"*, 你呢? („Und Dir/Ihnen?")

Andere Begrüßungsformeln sind: *„Zǎo shàng hǎo"*, 早上好 für „Guten Morgen!", *„Xià wǔ hǎo"*, 下午好 für „Guten Tag!" und *„Wǎn shàng hǎo"*, 晚上好 für „Guten Abend!"

Der Ranghöchste wird immer zuerst gegrüßt, mit kurzem Blickkontakt (max. drei Sekunden), einem Lächeln und leichtem Kopfnicken. Ist der Ranghöchste jünger, wird er auch zuerst gegrüßt, da die Position wichtiger ist als das Alter.

Die rangniedere Person grüßt also die ranghöhere Person zuerst. Zum Beispiel grüßt das Personal die Führungskraft zuerst, um Respekt zu zeigen. Ein Unternehmer oder Manager wird immer von einer Delegation oder seinen engsten Mitarbeitern begleitet. Dabei ist es nicht wichtig, ob eine Frau dabei ist oder nicht. *Ladies first* gilt nicht in China.

18. Grüßen

Im Geschäftsleben gilt: Rangniedere Personen grüßen die ranghöheren. Blickkontakt und ein Lächeln sind dabei wichtig. Gegrüßt wird mit einem Tagesgruß „Guten Morgen", „Guten Tag", „Guten Abend". (Regional sind auch andere Begrüßungsfloskeln denkbar, wie „Moin-Moin", „Grüß Gott", „Grüß dich", „Servus", „Hallo", die jedoch nicht übernommen werden müssen.) Wer zu einer Gruppe hinzukommt, macht durch einen Gruß auf sich aufmerksam. Der Vorgesetzte grüßt jedoch zuerst, sobald er den Besprechungsraum betritt, in dem schon alle versammelt sind.

Im privaten Raum gilt: Es grüßt zuerst, wer die andere Person zuerst erkennt (altersmäßig innerhalb einer Generation), der/die Einzelne grüßt die Gruppe. Darüber hinaus grüßt noch der Mann die Frau und jüngere Menschen die wesentlich älteren. So oft es geht, steht man in Begrüßungssituationen auf. Als ältere Frau darf man privat auch sitzen bleiben.

„Guten Morgen" ist die übliche Grußformel bis ca. 12 Uhr, „Guten Tag" gilt immer, „Guten Abend" sagt man ab ca. 18 Uhr. „Auf Wiedersehen" wünscht man bei der Verabschiedung, und „Gute Nacht" kurz bevor man ins Bett geht.

19. Begrüßen

Man wendet sich der ranghöchsten oder ältesten Person zuerst zu, um Respekt zu zeigen. Dabei gibt der Vorgesetzte zuerst die Hand oder überreicht zuerst die Visitenkarte. → *Bekannt machen* → *Der Handschlag* → *Die Visitenkarte*

Falls eine größere Gruppe im Meeting oder im Restaurant schon sitzt und ein Delegationsmitglied oder eine rangniedere Person dazukommt, reicht ein leichtes Kopfnicken aus. Selbstverständlich wird dann die offizielle Begrüßung mit Visitenkartentausch nachgeholt. Falls der Boss später dazukommt (was öfters passieren kann, da der Vorgesetzte seine Wichtigkeit demonstrieren will), widmen sich alle sofort der Begrüßung dieser wichtigen Person.

19. Begrüßen

Im Geschäftsleben gilt: Der oder die Vorgesetzte reicht die Hand. Dadurch wird die Erlaubnis zum Hautkontakt erteilt, zur Kommunikation. *Ladies first* stimmt im Job nicht mehr.

Im privaten Raum gilt: die Frau reicht die Hand.

Eine entgegengestreckte (rechte) Hand nimmt man immer an. Blickkontakt ist wichtig. Männer können sich beim Handschlag leicht verbeugen. Ist der Hierarchieunterschied sehr groß, dann etwas tiefer. Frauen neigen bei *Hohen Tieren* oder bei sehr großem Altersunterschied leicht den Kopf. → *Der Handschlag*

Was der Deutsche sagt, das meint er auch so – davon kann man grundsätzlich ausgehen. „Wie geht es Ihnen?" ist die wörtliche Übersetzung von „How are you?". Mancher Deutsche versteht es so, als sollte er auf diese Frage nun ehrlich antworten. Fühlt er sich an diesem Tage allerdings nicht so gut, kann es ihm unangenehm sein, etwas darauf erwidern zu müssen. → *Anrede und Titel*

20. Beifall klatschen

„Mit einer Handfläche kann man nicht klatschen."
(Chinesisches Sprichwort)

Der Ehrengast wird in China oft mit Applaus begrüßt. Es wartet meistens ein Empfangskomitee auf den Besucher, manchmal sogar mit rotem Teppich, an dem die chinesische Belegschaft rechts und links davon Spalier steht und den Gast beklatscht. Das bedeutet besonders viel Respekt und Gesicht. Wie sollte darauf reagiert werden? Falls der Gast den Respekt erwidern möchte, klatscht er einfach zurück.

Hält der Ehrengast einen Vortrag und bekommt dafür Applaus, kann er den Beifall (= Respekt) auch wieder zurückgeben.

Während der Olympischen Spiele 2008 wurden sogar Richtlinien von den Behörden für guten Applaus erlassen: Beifall für alle, um international das Gesicht nicht zu verlieren. Bei mehrstündigen Berichterstattungen im Volkskongress wird auch regelmäßig geklatscht – so werden die Delegierten, die eingeschlafen sind, wieder geweckt!

Wenn früh morgens (schon ab 5:30 Uhr) laut und langsam geklatscht wird, bedeutet dies keinen Applaus, sondern hier macht die ältere Generation eine sportliche Übung, um gesund zu bleiben. Das Klatschen mit anschließendem Ausschütteln der Arme und Hände ist eine Lockerungsübung der traditionellen chinesischen Medizin, um die Akupressurpunkte zu aktivieren.

20. Beifall klatschen

Beifall kann man interkulturell auf unterschiedliche Weise spenden: mit den Händen klatschen, mit den Fingerknöcheln auf Tischplatten klopfen, mit den Füßen trampeln, mit der Zunge schnalzen, pfeifen oder „Bravo" rufen. In manchen deutschen politischen Landtagen, in ländlichen Kneipen sowie in akademischen Kreisen (Universitäten) setzt man seine Fingerknöchel ein, indem man auf den Tisch klopft, um *Gefallen (!)* an der Darbietung zu zeigen. Das Klatschen mit den Handflächen wirkt elegant und wird überall verstanden. Die höchste Form der Ehrerbietung ist das Applaudieren im Stehen (Standing Ovations). Na ja – da greift der Herdentrieb: einer steht meistens auf, und dann machen es ihm alle nach.

Allgemein ist im deutschen Geschäftsleben der Beifall nicht so weit verbreitet wie in China. Zur Begrüßung wird man selten mit Applaus empfangen, es sei denn, man hat Herausragendes geleistet.

21. Bekannt machen

Titel, Rang, Status, Alter und Position haben einen sehr hohen Stellenwert in China und alles ist hierarchisch gegliedert. Deshalb wird im Geschäft sowie im Privaten immer nach Hierarchie begrüßt. Dabei wird der Name der ältesten und ranghöchsten Person zuerst genannt und die rangniedere Person wird vorgestellt. Zum Beispiel „*Li lǎobǎn zhè shì Peter.*" („Boss Li, das ist Peter."). Dann nennt man die rangniedere Person und stellt den Boss vor: „*Peter, zhè shì Li lǎobǎn.*" („Peter, das ist Boss Li.") Gäste und Kunden genießen einen höheren Status und werden zuerst genannt.

21. Bekannt machen

Als Standard im Geschäftsleben gilt: Der Ranghöhere erfährt den Namen des anderen zuerst, hat demnach einen Informationsvorsprung. Bekannt gemacht wird also: der Bewerber dem Personalchef, der Außendienstmitarbeiter dem Vorstand, die Sekretärin dem Chef, der Sachbearbeiter dem Abteilungsleiter. Gäste und Kunden im Unternehmen haben Vorrang: Der Name des Chefs wird dem Kunden mitgeteilt. Der Kunde kann sich auch selbst bekannt machen und sagt dann: „Ich bin ..." und nennt Vor- und Zunamen. Die Bezeichnung *Herr* oder *Frau* wird, wenn man sich selbst vorstellt, nicht benutzt.

22. Der Handschlag

Das westliche Händeschütteln ist inzwischen auch in China üblich. Nur sollte es sehr leicht und kurz sein. Bitte nicht kräftig und ausdauernd schütteln, da der Deutsche sonst zu dominant wirkt.

Gehen ansteckende Krankheiten um, wird auf das Händeschütteln verzichtet.

22. Der Handschlag

Beim Händedruck ist der Tastsinn aktiviert, der viele Eindrücke vermittelt. *Zart* kommt in Deutschland nicht gut an und wirkt unsicher. Ein fester, kurzer Hän-

Tipp: In den Toilettenräumen Hände schütteln? Wenn der Gebietsvertreter *nach dem Händewaschen* die Hand reicht, ist das ungewöhnlich, aber noch akzeptabel. Vor dem Händewaschen ist es unhygienisch – und für viele echt ekelhaft! Ein kurzes Kopfnicken und der Tagesgruß reichen.

dedruck sollte es mit Deutschen sein. Natürlich steckt die linke Hand dabei nicht in der Hosen- oder Jackentasche.

Nicht immer ist ein Handschlag zwingend. Wenn die Störung größer wäre als die höfliche Geste, unterbleibt er: wenn man zum Beispiel verspätet im Meeting eintrifft, zur Begrüßung von Bekannten am Restauranttisch usw. Auf neutralem Gebiet kann man ganz darauf verzichten, zum Beispiel im Theater, im Discounter, beim Sport – und in Zeiten von Grippewellen oder wenn man selbst stark erkältet ist. Dann sollte man – auch humorvoll – vorschlagen, auf den Handschlag zu verzichten: „Ich bin hoch infektiös, wir sollten besser auf das Handgeben verzichten." Das Gegenüber wird bestimmt dankbar sein.

23. Wangenküsse und Bussis

Die Begrüßung mit Wagenküssen gab es in China bisher nicht. Doch durch den westlichen Einfluss wird das von der jüngeren Generation manchmal übernommen und zelebriert, besonders wenn sich Freunde für längere Zeit nicht gesehen haben.

23. Wangenküsse und Bussis

Übrigens: Deutsche möchten fast immer lieber jünger als älter eingeschätzt werden. Jemanden, der keine Haare mehr auf dem Kopf hat oder einige Falten im Gesicht, respektvoll *Großväterchen* zu nennen, kann die Stimmung ganz schön verderben!

Küsschen-Begrüßungen sind vertrauliche Gesten und im Berufsleben eher unüblich. Aber durch die Globalisierung nehmen die Deutschen diese Begrüßungsart für das Privatleben immer mehr an. Will man es richtig machen, wendet man der anderen Person den eigenen Kopf zuerst nach links und danach nach rechts zu (evtl. nochmals links) und haucht das Luftküsschen. Die Wangen sollen sich (eigentlich) nicht berühren. Im Norden Deutschlands sollte man bei dieser Art von Begrüßung sein Gegenüber gut kennen, im Süden schon einmal ein paar Worte mit ihm gewechselt haben.

Als Regel kann man sich merken: Alt küsst Jung, Frau küsst Frau, Frau küsst Mann.

24. Redensarten und Standardfloskeln

Erster Eindruck zählt. Höflichkeit und Respekt sind oberstes Gebot. Deshalb darf die Begrüßung oder Willkommensrede auch etwas übertrieben wirken.

Zuerst sollten alle Beteiligten nach der Rangfolge und mit Titel begrüßt werden, dann bedankt man sich ausführlich für die Einladung und Gastfreundschaft. Als Nächstes werden großzügig Lob und Komplimente an die Personen, Firma und das Land verteilt, bevor der eigentliche Grund der Rede folgt. → *Grüßen*

24. Redensarten und Standardfloskeln

Beim Begrüßen und Bekanntmachen sagt man: „Ich möchte Sie bekannt machen" oder „Das ist Herr ABC". Geantwortet wird: „Es freut mich, Sie kennen zu lernen" oder „Schön, Sie zu treffen." „Darf ich vorstellen" und „Angenehm" sind altmodische Formulierungen, die im Englischen noch gebraucht werden („May I introduce to you …"). → *Floskeln*

25. Die Visitenkarte

Das kleine Kärtchen hat eine große Wirkung in China und ist der erste Schritt, sich mit Respekt und Würde kennen zu lernen. Es sollte eine ausreichende Anzahl von Visitenkarten mitgenommen werden, am besten beidseitig bedruckt – Deutsch und Chinesisch (wenn nicht möglich, dann Deutsch und Englisch). Beim Kennenlernen übergibt man die Karte (Schrift dem Geschäftspartner zugewandt) mit beiden Händen und empfängt auch eine Karte mit beiden Händen, das bedeutet Respekt. Ein leichtes Kopfnicken und die Aussprache und Würdigung des Namens unterstützt das alles noch. Bei Unsicherheit darf auch nach der genauen Aussprache des Namens gefragt werden. Damit zeigt man Interesse. Auf keinen Fall die Karte achtlos einstecken, sondern mit Wertschätzung lesen.

Normalerweise gibt der Ranghöchste oder Älteste die Karte zuerst. Doch aus Respekt überlässt dieser oft den Gästen und Kunden die Ehre. Falls der Gast sich nicht sicher ist (oder wenn beide gleichzeitig die Karten anbieten), überlässt er einfach dem Gegenüber den Vorrang. Bei einer größeren Runde behält man am besten alle Karten, die man erhält und austauscht, in der Hand – nicht zwischendurch ablegen. Am Verhandlungstisch und auch am Esstisch sollten die Karten vor einem liegen gelassen werden, wenn möglich in der richtigen Reihenfolge der Position – höchste Position oben. Mittlerweile ist es auch Mode, ein kleines Porträt-Foto auf die Visitenkarte drucken zu lassen, was Deutschen sicherlich den Wiedererkennungswert erhöht.

25. Die Visitenkarte

Die Business Card wird in Deutschland eher salopp gehandhabt. Das eigene Foto darauf ist (noch) ungewöhnlich in Deutschland – außer in kreativen Berufen. Bei geschäftlichen Begegnungen werden Visitenkarten meistens ziemlich bald nach der Begrüßung ausgetauscht – am Verhandlungstisch oder wenn man während eines Gesprächs Gemeinsamkeiten entdeckt. Der Gast im Unternehmen macht dabei den Anfang. In der Gruppe bekommt sie der Ranghöhere zuerst. In Besprechungen mit etlichen *unbekannten Größen* ist es sinnvoll, die Visitenkarten in der Sitzform vor sich auf den Tisch zu legen – außer man ist ein Fan von Ratespielen! Sich am Esstisch dieser Erleichterung zu bedienen, kommt in Deutschland – anders als in China – nicht vor, würde jedoch in vielen Situationen Sinn machen. Bei sehr festlichen Veranstaltungen werden Tischkarten am Platz aufgestellt.

Zu vielen anderen Gelegenheiten entscheidet der Ranghöhere, ob er seine Karte ausgibt. Es ist auch in Deutschland nicht verkehrt, die Visitenkarte mit beiden Händen zu überreichen – sofort lesbar für den anderen. Hat man eine Karte erhalten, schaut man sie sich gleich an. Die Informationen darauf können beim Einstieg in den Smalltalk helfen.

26. Doppelnamen

Doppelnamen gibt es traditionell in China nicht. Die Frau behält nach der Hochzeit üblicherweise ihren Mädchennamen und die Kinder erhalten den Nachnamen des Vaters. Seit 1995 können die Kinder auch den Nachnamen der Mutter annehmen, neuerdings auch den Namen von Vater und Mutter (Doppelnamen).

26. Doppelnamen

Bei einer Heirat gibt es in Deutschland die Möglichkeit, den Namen des Ehepartners mit anzunehmen und einen Doppelnamen zu tragen.

27. Namen sind wichtig

Die ungefähr 700 verschiedenen Nachnamen haben keine inhaltliche Bedeutung. 85 % der Chinesen teilen sich die 100 geläufigsten Namen. Und davon haben wiederum 40 % aller die 10 bekanntesten Namen unter sich aufgeteilt – *Chen, Huang, Li, Liu, Wang, Wu, Zhang, Zhao, Zhou* und *Yang* begegnet man darum sehr oft.

Vornamen hingegen haben sehr wohl eine besondere Bedeutung. Eltern geben ihren Jungs gerne einen Vornamen, der dem Sinn nach reich, stark, intelligent oder heldenhaft bedeutet. Mädchen werden mit *blumigen* Namen bedacht oder mit solchen, die an Edelsteine und Schönheit denken lassen. Viele Kinder erhalten heutzutage zusätzlich noch einen englischen Vornamen, den sie sich eventuell auch später in der Schule selbst aussuchen können. Ganz den Vorstellungen entsprechend sind die beliebtesten englischen Vornamen für Jungen dann Victor (der Sieger) und Richard (der Reiche); für Mädchen Grace (die Anmut) und Joy (die Freude).

Familienmitglieder und gute Freunde sprechen sich mit dem Vornamen an. Im Geschäftsleben macht sich der westliche Einfluss bemerkbar – man geht schnell zum Vornamen über. Sobald sich Geschäftspartner auf gleicher Hierarchie-Ebene einige E-Mails geschickt haben, wird das auch hier so gehandhabt, auch wenn man sich noch nicht persönlich kennen gelernt hat.

Rangunterschiede sind ausgenommen: Die würdigste Person im Unternehmen wird weiterhin mit Nachnamen angesprochen. Egal wie lange und gut man sie kennt.

Tipp: Lassen Sie sich Ihren Namen auf Chinesisch übersetzen. Der Name soll nicht nur gut klingen, sondern auch eine positive Bedeutung haben. Zum Beispiel könnte Harry als *hā* (Profit, Gewinn) *lì* (Schwingung, Welle) übersetzt werden. Die AHK kann Ihnen beim übersetzen von Visitenkarten und Broschüren behilflich sein.

Schreiben Sie Ihren Nachnamen in E-Mails in Großbuchstaben und setzen ein "Mr" oder „Mrs" in Klammern dazu, um Ihren neuen Geschäftspartner bei der Anrede behilflich zu sein und Unklarheiten auszuschließen.

27. Namen sind wichtig

Jeder Mensch hört seinen Namen gern. Wird er ausgesprochen – bei der Begrüßung, im Meeting oder am Telefon – schafft dies eine persönliche Verbindung. Man sollte also nicht zu sparsam damit umgehen.

Übrigens: Eltern dürfen sich Vornamen für ihre Kinder aussuchen – durch die multikulturelle Gesellschaft gibt es heutzutage hierbei gibt kaum noch Grenzen. Beratung erfolgt durch die Standesämter, falls das Kindeswohl durch einen allzu skurrilen Namen beeinträchtigt wird. Namen auf dem Index sind: Bierstübel, Tomtom, Borussia, Pfefferminze, Crazy Horse, Gastritis, Gucci. Mann mag es nicht glauben, aber anerkannt dagegen sind: Popo, Pepsi-Carole, Pumuckl, Siebenstern, Champagna. Und sprechen Sie doch Marie-Johanna einmal ganz schnell aus …!

Tipp: Deutsche haben mit der Zuordnung von chinesischen Namen zu Beginn einer Geschäftsbeziehung oft Schwierigkeiten. Darum geben Sie bitte in E-Mails Hilfestellung, indem Sie ein „Mr" der „Mrs" vor Ihren Namen setzen und auch betonen, welches Ihr Nachname ist.

Deutsche Familiennamen haben oft eine Bedeutung. Es gab schon im 16. Jahrhundert feste Familiennamen, aber erst 1875 wurden die Standesämter eingeführt und die Namen festgeschrieben. Die häufigsten deutschen Familiennamen stammen von Berufsbezeichnungen ab (zum Beispiel Wagner – ursprünglich ein Wagenradbauer, Fischer – der in Flüssen und Seen Fische fing, Schäfer – der Nutzvieh beaufsichtigte). Ferner wurden deutsche Nachnamen vom Vornamen des Vaters oder der Mutter abgeleitet („Pauls Sohn" = Paulsen, *Albrecht, Dietrich, Konrad, Herrmann*), vom Herkunftsort oder -land (*Schweitzer, Bayer, Österreicher* usw.). Familiennamen wurden auch aus körperlichen, charakterlichen oder biografischen Auffälligkeiten einer Person gebildet (*Klein, Groß, Fuchs (Rothaariger), Dickmann, Weiß, Schwarz* usw.)

Des Öfteren trifft man auf Männer, die im Grunde zwei Vornamen haben, obwohl einer davon ihr Familienname ist (Fritz Karl/Karl Fritz, Jens Otto/Otto Jens, Henning Klaus/Klaus Henning, Thomas Bernhard/Bernhard Thomas. Es wird diesen Namensträgern empfohlen, sich mit ihrem Vor- und Nachnamen bekannt zu machen und sich auch so am Telefon zu melden, damit es keine Irritation gibt. „Chris" ist ein weiblicher und männlicher Vorname – auch für Bundesbürger verwirrend!

In Deutschland gibt es wesentlich mehr Familiennamen als in China, dafür weniger Vornamen. Der Familienname steht hinten, der Vorname/Rufname vorne. Die zurzeit beliebtesten Vornamen lauten für Mädchen: Sophie, Maria, Mia, Emma, Anna und für Jungen: Luca, Maximilian, Alexander, Paul, Ben, Leon.

28. Namen vergessen?

Für Ausländer ist es schwierig, die chinesischen Namen auszusprechen oder sie sich zu merken. Bei der Aussprache dürfen Westler ruhig nachfragen. Die richtige Sprechweise kann auch notiert werden. Natürlich nicht im Beisein des anderen! Es ist ebenfalls sinnvoll, zu notieren, ob es sich um eine Frau oder um einen Mann handelt und eventuell den Titel oder Rang hinzuzufügen. → *Doppelnamen* → *Duzen oder siezen* → *Akademische Grade*

28. Namen vergessen?

Wer einen Namen nicht verstanden oder vergessen hat, sollte keine Hemmungen haben, nochmals nach dem Namen zu fragen. Das ist immer ein Zeichen von Wertschätzung gegenüber dem Gesprächspartner. Falls einem *nur* die Person – jedoch nicht ihr Name – im Gedächtnis geblieben ist, kann man sich auf das beziehen, was einem von der Begegnung noch in Erinnerung geblieben ist, und fragt ganz nebenbei nach dem vergessenen Namen. Kompliziert klingende Namen können durchaus auch ein erstes Thema für Smalltalk sein. → *Floskeln*

29. Anrede und Titel

An erster Stelle steht der Nachname, gefolgt vom Vornamen (mit meistens zwei Silben): „Li Mei Ling" = „Frau Li". Hier ist also der Nachname Li und der Vorname Mei Ling.

Männer werden mit „Xiansheng" (Herr) und Frauen mit „Nüshi" (Frau) angesprochen, wobei der Nachname vor der Anrede steht: „Wu Xiansheng" = „Herr Wu"; „Li Nüshi" = „Frau Li".

Die Anrede mit dem richtigen Titel ist in China sehr wichtig, da damit die Rangordnung, Hierarchie und somit Respekt ausgedrückt wird.

Nicht nur akademische Titel (Dr. und Prof.) sollten genannt werden, auch die Position hat eine wichtige Bedeutung: So heißt ein Manager nicht nur Herr Li, sondern Abteilungsleiter Li oder Direktor Li. Auch bestimmte Berufe haben eine hohe Bedeutung, wie etwa Schuldirektor Wang und Lehrer Ma.

Da manche Namen öfters vorkommen, kann man auch das Alter der Person mit dem Namen verbinden, zum Beispiel „Lao Wu" ist der „alte Wu" und „Xiao Wu" ist der „kleine Wu". Stellt man das Wort „Lao" nach den Nachnamen, bedeutet es „ehrenwerter Wu" („Wu Lao").

29. Anrede und Titel

Die Standardanrede ist in Deutschland „Herr Nachname" und „Frau Nachname" – auch wenn die Frau noch sehr jung ist. Den Begriff *Fräulein* für unverheiratete Frauen gibt es in Deutschland nicht mehr. Grundsätzlich ist es unüblich, den Beruf des anderen in die Anrede einzubauen. Man sagt also nicht *Frau Rechtsanwältin* oder *Herr Lehrer*. Dagegen gehören akademische Grade wie *Doktor* oder *Professor* zur Anrede dazu. Prinzipiell entscheidet der Ältere bzw. der Ranghöhere, ob der Jüngere ihn beim Vornamen nennen darf.

Doppelnamen und auch die weibliche Form, zum Beispiel bei Amtsträgerinnen, sollten respektiert werden – in Briefen genauso wie in der persönlichen Anrede.

- *Brief-Anschrift* innerhalb Deutschlands: Frau Bundeskanzlerin (akademischer Grad, Vorname, Nachname), Sehr geehrte Frau Bundeskanzlerin ...

- Frau Bundesministerin ...

- Frau Botschafterin ...

- Frau Oberbürgermeisterin ...

- Frau Rektorin ... → *Doppelnamen* → *Duzen oder Siezen?* → *Akademische Grade* → *Briefe/Korrespondenz*

30. Akademische Grade

Bildung hat in China einen sehr hohen Stellenwert. Besonders durch die Ein-Kind-Politik möchten alle Eltern, dass ihr einziges Kind studiert. Dafür spart dann die ganze Familie lange, um sich einen Universitätsabschluss für das Kind zu leisten. Bildung in China ist teuer, besonders begehrt sind ausländische Abschlüsse mit Rang und Namen (Cambridge, Harvard, Princeton, Oxford, Yale usw.)

Wie überall auf der Welt werden nun nicht nur Kleidung und Uhren gefälscht, sondern auch Diplome und Doktorgrade. Ein chinesisches Diplom gibt es schon für 25 Euro, ausländische Abschlüsse sind teurer und kosten bis zu 30.000 Euro. Einige junge Leute wollen nicht jahrelang Zeit verschwenden für etwas, das man sich in 30 Minuten kaufen kann. Schätzungsweise gab es 2012 mindestens 500.000 Chinesen, die sich mit gefälschten Diplomen beworben haben.

Sollte der akademische Grad in Bezug auf eine Zusammenarbeit wichtig sein, empfehlen wir, bei der Universität nachzufragen. Auch praktische Berufserfahrungen und Qualifikationen könnten gefälscht sein und sollten kontrolliert werden.

30. Akademische Grade

Akademische Grade werden von anerkannten Hochschulen verliehen: *Magister, Diplom, Bachelor, Master usw.* Eine abgeschlossene Promotion (Doktorgrad) ist Voraussetzung für eine Habilitation. Der akademische Titel *Professor* ist ein akademischer Amtstitel oder wird, wenn die Person kein Lehramt bekleidet, als Professorentitel verliehen. Es besteht kein Anspruch auf die Anrede mit dem Doktorgrad, gleichwohl entspricht es deutschen Etiketteregeln, den höchsten akademischen *Titel* zu nennen *(Doktor, Professor)*.

Akademische Grade werden beim Bekanntmachen durch Dritte genannt. Wer sich selbst bekannt macht, lässt sie weg. Im privaten, gesellschaftlichen Bereich wird heute immer häufiger auf diese Angaben verzichtet, weil es eh zu viele gibt. Das Attribut *Doktor* vor dem Namen fungiert auf der einen Seite als Schlüssel zum Erfolg, in der globalen Wirtschaft (vor allem bei Verhandlungen mit Angloamerikanern) ist dieser Grad nicht gerade cool und wird vom Träger heruntergespielt.

Im Übrigen lassen sich für die schriftliche und mündliche Anrede keine starren Regeln aufstellen. Trotzdem ist es üblich, die akademischen Grade *Professor* und *Doktor* so lange zu nennen, bis derjenige zum Beispiel sagt: „Ach, lassen Sie doch bitte den Doktor weg."

31. Adelsprädikate

Mit der Kommunistischen Partei verschwand der Adel. Auch die Nachkommen der früheren kaiserlichen Familie (bis 1924) üben heute einen normalen Beruf aus und werden entsprechend angeredet.

31. Adelsprädikate

Eigentlich ist der Adelsstand mit allen seinen über Jahrhunderte gepflegten Privilegien abgeschafft. Doch auch heute noch erinnert in vielen Fällen der Name an eine oft machtvolle, bisweilen sogar ruhmreiche Vergangenheit. Die Adelsprädikate gelten seit der Weimarer Verfassung von 1919 als Bestandteile des Namens.

Im Deutschen werden Adelsbezeichnungen nicht nach Geschlecht geändert – gesellschaftlich wird jedoch schon seit geraumer Zeit der Titel geschlechtsspezifisch verwendet (Prinzessin, Gräfin ...). Oft ersetzt das Adelsprädikat (Graf, Herzogin usw.) das sonst übliche Herr oder Frau, dabei wird das *von* weggelassen. Die mündliche Anrede lautet also zum Beispiel: „Graf Dracula" – nicht „Herr Graf Dracula" – oder „Baronin Musterberg" bzw. „Frau von Musterberg". Bei Zweifeln fragt man am besten die betreffende Person selbst – oder wirft einen Blick in die Protokollabteilung der Senats- und Staatskanzlei (Adelsregister Marburg oder unter www.protokoll-inland.de).

32. Parteimitgliedschaft

Nicht nur früher, sondern auch heute noch ist es wichtig, Mitglied in der Kommunistischen Partei (KP) zu sein. Eine Million junger Akademiker wird jedes Jahr neu in die Partei aufgenommen. Das hat einerseits mit Ideologie zu tun, andrerseits immer mehr mit Macht, Geld und Aufstieg. Die Mitgliedschaft ermöglicht gute berufliche Chancen und Beziehungen, besonders im öffentlichen Dienst.

Bei Bewerbungsgesprächen und Beförderungen wird in der heutigen Zeit auch die Parteimitgliedschaft als wichtiges Kriterium in Erwägung gezogen. Geschäftspartner, die Mitglied in der Partei sind, haben natürlich gute Beziehungen.

32. Parteimitgliedschaft

Im Geschäftsverkehr spielt sie eine unwesentliche Rolle. Anders bei der Besetzung von kommunalen Ämtern und Ministerien – hier stellt man gerne nach *Vitamin B* (Beziehungen) ein.

33. Duzen oder siezen?

Ältere und Personen mit hohem Rang werden in China respektvoll mit „Sie" angesprochen. Zum Beispiel wird bei Ankündigungen in Geschäften und Transportmitteln immer das höfliche „Sie" (Nin) benutzt. Auch bei Gästen, Kunden und wenn man vorgestellt wird, wird das respektvolle „Sie" angewandt.

Bei Personen im gleichen Alter und gleicher Hierarchie-Ebene wird das „Du" (Ni) verwendet.

Früher wurden höflicherweise auch die Eltern gesiezt. Respekt muss sein! Heute wird dies noch in manchen Familien praktiziert. Bei „Nin" und „Ni" geht es weniger um den Grad der Vertrautheit wie in Deutschland, sondern mehr um den Respekt. Also kann man „Nin" und „Ni" nicht wirklich mit „Sie" und „Du" übersetzen oder gleichsetzen, sondern „Nin" ist eher ein Ausdruck von Höflichkeit, Wertschätzung und Achtung der Hierarchie.

In Südchina (Kantonesisch) kennt man den Unterschied zwischen „Sie" (Nin) und „Du" (Ni) nicht.

33. Duzen oder siezen?

Höflich, kumpelhaft, sehr vertraut, respektvoll, flapsig, autoritär: Die Anrede bestimmt unseren Umgang miteinander.

Das *Sie* ist absolut wertfrei und immer richtig. Ein *Sie* erleichtert oft sachliche und kritische Diskussionen. Das *Du* wird oft benutzt, um sich jünger zu geben, das Wir-Gefühl zu stärken und um ein dynamisches Image zu assoziieren. Wenn in einem Unternehmen das *Du* Teil der Unternehmenskultur ist, müssen sich alle Mitarbeiter anpassen. → *Hierarchie*

Prinzipiell gilt: In Unternehmen bietet der Ranghöhere das *Du* an, also der Vorgesetzte dem Mitarbeiter, der Kunde dem Dienstleister. Männer dürfen Frauen das *Du* anbieten, wenn sie ranghöher sind – und umgekehrt. Hat man den gleichen Rang und gehört man der gleichen Generation an, schlägt derjenige das *Du* vor, der es möchte. Und ein *Du* darf auch höflich abgelehnt werden: „Danke für das Angebot, sehr nett von Ihnen. Ich möchte jedoch lieber beim *Sie* bleiben."

Oft ist es vor Außenstehenden und Kunden besser, temporär ins *Sie* zu wechseln. Dann ist die Kluft zu anderen nicht so groß.

Generell sind in Deutschland folgende Kombinationen möglich:

- *Sie + Nachname* („Herr Müller, kommen Sie bitte mal")
- *Sie + Vorname* („Peter, kommen Sie bitte mal"), auch „Hamburger Sie" genannt
- *Du + Vorname* („Peter, kommst du bitte mal")
- *Sie + Nachname + Du* („Herr/Frau Meier, kommst du bitte mal"), auch „Münchner Du" genannt, (eine nicht ganz alltagstaugliche Eigenart eher im Süden Deutschlands!)

Übrigens: Wer einfach einen Kellner, eine Verkäuferin oder einen Polizisten duzt, erntet dafür böse Blicke – bei einem Polizisten können unter Umständen 600 Euro fällig sein – aber wohl nicht für Ausländer.

Deutsche kennen nicht viele Nuancen, die Distanz zu wahren. Ein spontaner Distanzverlust ist oft beim Übergang vom formellen *Sie* zum vertraulichen *Du* zu beobachten.

IV. Kommunikation

34. Kommunikationsstil

Chinesen lieben es, sich höflich auszudrücken, und sind sehr geübt in indirekter Kommunikation. Dabei benutzen sie auch sehr viele Symbole und Metaphern, die dann Hinweise auf versteckte Nachrichten sind. Deshalb sollte immer zwischen den Zeilen gelesen werden, was Deutschen zugegebenermaßen recht schwerfällt.

Ein direktes Ja oder Nein gibt es nicht. Es wird als schlau gedeutet, eher ungenaue Aussagen zu treffen, sodass jeder das Gesicht wahrt. Eine harmonieorientierte Kommunikation ist wichtiger, als direkt und schnell auf den Punkt zu kommen.

Übrigens: Chinesen sprechen viel lauter und schneller als Deutsche. Durch die Lautstärke und die verschiedenen Töne hört es sich sogar oft danach an, als ob sich Ihre Geschäftspartner gegenseitig anschreien. Keine Sorge – das ist normal.

Oft bewegen sich Gesprächspartner langsam auf ein Thema zu, wiederholen wichtige Sachen und winden sich in einem höflichen Hin- und Herreden. Deutsche Geschäftspartner werden dann unruhig und schimpfen: „Die Chinesen reden immer um den heißen Brei herum!"

34. Kommunikationsstil

Der Deutsche benennt die Sachverhalte mit klaren Worten. Er ist es gewohnt, Dinge offen anzusprechen. Schon zu Verhandlungsbeginn. Er diskutiert und argumentiert und variiert seinen Kommunikationsstil wenig – dieser ist stets zielorientiert. Auf unentschlossene Menschen kann er sich schwer einlassen. Für Chinesen ein Albtraum! „Ungefähr" ist ein Wort, das in China oft benutzt wird, weil man die Dinge nicht so eng sieht. Selbst chinesische Mitarbeiter sind der Ansicht, dass vor allem in der Produktion klare Anweisungen, wie sie Deutsche geben, von großem Vorteil wären.

„Kein Blatt vor den Mund nehmen." Deutsche schulmeistern gerne ihre Mitmenschen. Da fallen unter Umständen Sätze wie: „Heißt das nun Ja oder Nein?" „Das ist doch Blödsinn!" „Da muss ich Ihnen widersprechen" „Regen Sie sich doch nicht so auf!" oder „Machen Sie aus einer Mücke doch keinen Elefanten!" Häufig benutzte Wörter sind auch: „problems", „difficulties".

Westler verhandeln aber eher mit Herrn/Frau XYZ als mit „Positionen". Sie lernen ihre potenziellen Kunden während der Verhandlungen kennen, meist nicht vorher – bestenfalls noch bei einem anschließenden Essen.

Indirekte Anspielungen und Mitteilungen auf der nonverbalen Ebene werden von ihnen eher nicht wahrgenommen. Dadurch gehen leider viele Botschaften verloren.

Westliches Denken scheint durch den analytischen Denkstil griechischer Philosophen wie Aristoteles geprägt zu sein. Das heißt, dass zur Lösung von Problemen die offene Diskussion bevorzugt wird. Zunächst möchte jeder den/die anderen für seine Sichtweise gewinnen. Kompromisse gelten erst einmal als Notlösung. Im Westen ist man darauf aus, zu generalisieren und die Dinge werden auf einer abstrakten Ebene behandelt.
→ *Sprache*

Als Ausländer sollte man seine Wünsche und Nöte offen formulieren. Um beispielsweise ein Treffen zu verschieben, reicht es meistens nicht, seine Kopfschmerzen zu erwähnen. Viele Deutsche werden dieses Anzeichen nicht deuten können. Nur eine klare Absage des Termins wird verstanden. Wer sich mit einem Stadtplan bewaffnet orientierungslos an eine Kreuzung stellt, kann das gerne einmal ausprobieren: Solange man niemanden direkt um Hilfe bittet, werden die Passanten einfach vorbeigehen.

35. E-Mail

Traditionell haben der persönliche Kontakt und die persönliche Beziehungen für Chinesen absolut Vorrang. Doch heute werden Netzwerke auch online aufgebaut. Bestellungen, Buchungen und Reklamationen erfolgen per E-Mail. Dabei ist es wichtig, die Regeln der chinesischen Kommunikation (Harmonie, Respekt, Hierarchie) einzuhalten. Außerdem sollten Konflikte, Reklamationen und negative Aspekte sehr diplomatisch formuliert werden, sonst kann es zu Gesichtsverlust kommen und man erhält für einige Tage oder Wochen keine Antwort mehr. Bei schwerwiegenden Fehlern (direkte Beschuldigung oder Beleidigung) kann sogar ständige Funkstille eintreten. → *Kritik*

E-Mails für die tagtägliche Korrespondenz sind fast genauso aufgebaut wie in Deutschland und haben sich dem Westen angepasst (z. B. keine Emoticons im Business). Als Standardfloskeln bei der Einleitung benutzt man gerne ein Dankeschön (für die E-Mail, die Anfrage oder das Interesse), Komplimente für den Geschäftspartner und am Ende gibt es noch gute Wünsche für eine erfolgreiche Zusammenarbeit. Damit wird dem Gegenüber Respekt gezollt und eine Beziehung weiter aufgebaut.

Briefe werden für offizielle Dokumente wie Einladungen, Bestätigungen und Verträge natürlich bevorzugt. Große Unternehmen wie zum Beispiel die *Bank of China* benutzen sehr komplizierte Regeln und Formate für ihre Geschäftsbriefe, hinter die ein Westler nur schwer blicken kann.

Tipp: Kurzfristdenken ist angesagt! Beantworten Sie Ihre E-Mails noch am selben Tag oder schreiben Sie wenigstens eine kurze Empfangsbestätigung – das bedeutet Respekt für Ihren Partner. Während in Europa eine Zeitspanne von zwei bis drei Tagen zur Beantwortung von Mails gilt, erhalten Sie in chinesischen Großstädten schon nach wenigen Stunden eine Antwort. Sollten Sie selbst bei Ihrem chinesischen Geschäftspartner etwas länger auf eine Antwort warten müssen, dann holt er wahrscheinlich noch das Okay seines Vorgesetzten ein.

35. E-Mail

E-Mails sind wie eine Visitenkarte. Sie sagen Einiges über die Person aus, die sie schreibt, denn die Form einer Nachricht ist Teil ihrer Botschaft. E-Mails können den gleichen Stellenwert wie ein Brief haben. Deshalb gehören Anrede und Grußformel dazu. Bei schnell hin-und-her-wechselnden Mails sowie bei guter Bekanntschaft kann es natürlich lockerer zugehen.

Die äußere Form ist beim Online-Benimm immer noch wichtig: grobe Umgangssprache, durchgehende Klein- oder Großschreibung, Tippfehler, hartnäckiger Telegrammstil, Emoticons (privaten Mails vorbehalten) werden oft nicht akzeptiert. Vorsicht ist bei nicht allgemein verständlichem Humor, Sarkasmus und Ironie geboten!

Im Geschäftsverkehr erwarten viele Kunden eine schnelle Reaktion. Manche Unternehmen verlangen von ihren Mitarbeitern mittlerweile schon eine Reaktionszeit von maximal einer Stunde. Experten sagen, das sei eindeutig zu kurz. Stress entsteht hierbei hauptsächlich, weil Deutsche gewohnt sind, gleich auch eine komplette Antwort zu senden. „Weitere Informationen folgen morgen", das wäre ein Lernziel.

Andere Firmen schalten abends einfach den Server ab, damit die Mitarbeiter nicht von zuhause weiterarbeiten (zum Beispiel Volkswagen), was natürlich im internationalen Geschäft nur bedingt möglich ist.

> **Tipp:** Als Vorgesetzter sollten Sie allen Mitarbeitern spürbare Wertschätzung zeigen (keine grußlosen, unfreundlichen Antworten in E-Mails und SMS – wenigstens als schnelle Reaktion ein „Okay", „Ja" oder „Nein").

Die elektronischen Medien haben das Kommunikationsverhalten – auch in Deutschland – rapide verändert. Hieß es bisher: Kondolenz ist per E-Mail, Fax und SMS absolut stillos, es sei denn, die Trauernden wohnen in weit entfernten Ländern, so geraten wir heutzutage in Situationen, die schnelles Handeln erfordern oder ganz neue Sichtweisen aufkommen lassen. Auf Weihnachts-, Neujahrs- und Geburtstagskarten darf gerne per E-Mail geantwortet werden.

36. Briefe/Korrespondenz

Die Korrespondenz in China kann sehr unterschiedlich ausfallen. Es kommt auf die Art des Geschäfts und den Status und die Größe des Betriebs an. Viele Unternehmen haben Kontakt zu Ausländern und passen sich der westlichen Geschäftskorrespondenz an. Man benutzt E-Mails, Telekonferenzen und nennt sich schnell beim Vornamen. → *Namen sind wichtig*

Die großen staatlichen Betriebe (SOE = State-Owned Enterprise) sind immer noch sehr bürokratisch. Sie benutzen und verlangen einen Firmenstempel und eine offizielle Unterschrift. Amtliche Dokumente werden immer noch gerne eingerahmt und ausgestellt, um Gesicht und Respekt zu erhalten. Die SOEs wenden auch noch standardisierte formelle Regeln an, um Geschäftsbriefe zu schreiben. Da kann schon ein einfacher Satz auf komplizierte und langwierige Weise erklärt werden, um sich diplomatisch und respektvoll auszudrücken. Ausländische Geschäftspartner bekommen davon wenig mit, weil bei der Übersetzung diese Umschreibungen und Höflichkeitsfloskeln weggelassen werden.

36. Briefe/Korrespondenz

Richtige Briefe zu schreiben, ist in unserer kurzlebigen Zeit (leider) weitgehend aus der Mode gekommen. Nach wie vor rückt alles Schriftliche, was ein Unternehmen verlässt, die Firma und den Menschen selbst in ein gutes oder eher schlechtes Licht.

Jedes Unternehmen hat seine eigenen Briefbögen mit dem entsprechenden Logo und allen anderen relevanten Angaben. Ausgehende Schreiben laufen in größeren Firmen durch die Frankiermaschine. Eingehende Briefe werden im Sekretariat geöffnet und dem Adressaten vorgelegt, außer der Brief ist an ihn persönlich adressiert.

In vielen deutschen Briefen und E-Mails findet man noch Wörter wie: *fälschlicherweise, falsch, versäumt, unverständlich* und Satzteile wie: *erstaunt uns, ist Ihnen entgangen* oder *Sie sollten wissen.* Diese vermitteln den Eindruck, der Empfänger hätte einen Fehler gemacht. Auch wenn dies stimmt: Kritisierte werden in der Regel trotzig, denn Fehler gibt niemand gerne zu. Formulierungen im Befehlston *Sie müssen* bringen einen nicht weiter. Höflicher: *Leider können wir uns Ihrem Standpunkt nicht anschließen.*

Die schriftliche Anrede in der Geschäftskorrespondenz: Heute ist fast alles erlaubt, was von *Herzen* kommt! *Sehr geehrte Frau Quian ...; Sehr geehrte Damen, sehr geehrte Herren* (aber auch: *Guten Tag Herr XYZ, Liebe Frau Beispiel.*) Die Sekretariate in den Unternehmen kennen alle Feinheiten einer korrekten Korrespondenz.

Zum Weihnachtsfest werden Grußkarten geschrieben. *Frohe Weihnachten* und *Ein gutes neues Jahr* sind meist vorgedruckt. Ein Kartengruß bietet eine willkommene Gelegenheit, sich bei Freunden und Verwandten in Erinnerung zu bringen oder Geschäftspartnern für die gute Zusammenarbeit zu danken. Die Neujahrspost sollte auf keinen Fall gleich *praktischerweise* als Werbung benutzt werden. Anfang Dezember, spätestens Mitte des Monats, sollten die Karten in die Post gehen, damit sie rechtzeitig ankommen. Ein digitaler Gruß sollte stets abgewogen werden: Ist er für den bestehenden Geschäftskontakt stilvoll genug? *Frohe Weihnachten* in über 60 Sprachen bietet der Bundesverband der Dolmetscher und Übersetzer e.V. (www.bdue.de)

37. Handy und Telefon

Viele haben ein modernes Handy, man ist immer auf dem neuesten Stand und technisch weiter entwickelt als irgendein anderes Land auf der Welt. Telefonieren ist sehr günstig und eine beliebte Freizeitbeschäftigung in China.

Die Telefonetikette ist leider nicht sehr weit entwickelt. Als typische Antwort am Telefon gibt es oft ein unfreundliches „*wei*", was so viel bedeutet wie „Hallo". Man erhält oft keine Begrüßung, keinen Namen der Person oder Firma, sondern lediglich ein „*wei*". Dann wird man noch barsch gefragt, wie man heißt, von welcher Gesellschaft man anruft und warum, bevor man weitergeleitet wird.

Chinesen unterhalten sich gerne lautstark am Telefon. So bekommt jeder mit, wie wichtig man ist. Besonders in öffentlichen Verkehrsmitteln und in Restaurants muss man wegen des Lärms dort regelrecht ins Telefon schreien, um überhaupt verstanden zu werden. Deshalb wird auf Schildern an manchen Orten aufgefordert, seine Lautstärke beim Telefonieren doch rücksichtsvoll zu dämpfen. Es kommt auch vor, dass während Konferenzen lautstark telefoniert wird. Dies hat nichts mit Unhöflichkeit zu tun, sondern mit Aufmerksamkeit, da man bei Geräuschen besser wach bleiben kann.

In manchen Restaurants herrscht inzwischen Handy-Verbot und Smartphones müssen an der Rezeption abgegeben werden. Bei einem Anruf wird das Handy dann aber dem Gast gebracht.

37. Handy und Telefon

Immer mehr Menschen legen die mobilen Alleskönner kaum noch aus der Hand. Sie twittern oder surfen auch in Gesellschaft anderer. Viele fühlen sich dadurch gestört. Eine neue Wortschöpfung – *Phubbing* – trifft das gut: eine Kombination der englischen Begriffe *phone* und *snubbing* (vor den Kopf stoßen).

Das Klingeln eines Smartphones usw. im Beisein anderer bedeutet meistens die Unterbrechung eines Gesprächs. Dazu ist die Lautstärke bei den geführten Gesprächen störend, andere könnten zum Beispiel auch Betriebsinterna mitbekommen, etwa in öffentlichen Einrichtungen, auf der Straße und beim Essen!

Apropos Lautstärke: permanente Geräuschverursacher sind den Deutschen ein Graus – falls sie nicht selbst der Lärmerzeuger sind – vor allem unter Alkoholeinfluss! Unterhaltungen bei Tisch, im Flugzeug oder in der Bahn sind eher gedämpft, Kinder werden ermahnt, nicht zu schreien, ebenso der Nachbar, wenn er glaubt, am Sonntag unbedingt den Rasen mähen zu müssen.

Sitzt man gerade im Auto und bekommt einen Anruf, macht man diskret darauf aufmerksam, dass jemand das Gespräch mithören kann. In Deutschland ist es nicht gestattet, als Lenker eines Autos während der Fahrt ohne Freisprechanlage zu telefonieren (Bußgeld).

Tabuzonen für eingeschaltete Handys, Tablets usw. gibt es in Deutschland viele, zum Beispiel Krankenhaus, Tankstelle, bei den meisten Fluglinien, während einer Beerdigung, im Konzert/Kino, bei Vorträgen usw. Der Klingelton sollte zudem möglichst neutral klingen.

Üblicherweise meldet man sich in Deutschland immer zuerst mit dem eigenen Namen. Die Unternehmens-Corporate-Identity kann auch vorschreiben: Firmenname, (Abteilung) eigener Name, Tagesgruß. Ab einer gewissen Hierarchiehöhe nimmt eine Sekretärin den Anruf entgegen und fragt, *um was es geht,* bevor sie durchstellt.

Bei Reservierungen – zum Beispiel im Hotel oder Restaurant – nennt man seinen Namen und danach den Zweck seines Anrufs. So kommt man schneller ans Ziel und riskiert kein Misstrauen. Ruft man jemanden an, fragt man zunächst höflich: „Haben Sie gerade Zeit für mich?" Bei der Abschiedsformel nehmen es die Deutschen – etwas formell – ganz genau: „Auf Wiederhören" statt „Auf Wiedersehen", da man sich ja am Telefon nicht sieht!

Spricht man auf einen Anrufbeantworter, formuliert man langsam und deutlich.

Wer über das Festnetz in einem Privathaushalt anruft, nimmt bei der Uhrzeit Rücksicht auf die Bewohner (Kinder, alte oder kranke Angehörige). Selbst bei Freunden sollte man sich rückversichern, ob man nach 22 Uhr noch anrufen darf. Am Heiligabend und anderen Feiertagen sowie sonntags ruft man als Fremder überhaupt nicht an.

Tipp: Manche deutschen Zahlenkombinationen und Monatsangaben sind schwer verständlich. So könnte Abhilfe klingen: Sagen Sie Zwei (2) = Zwo; Juni = Juno; Juli = Julai.

38. Smalltalk

Smalltalk gehört zum Beziehungsmanagement und ist ein wichtiger Bestandteil bei Begrüßungen, Geschäftsessen und Verhandlungen. Smalltalk lockert jede Situation auf und trägt zum Aufbau und Ausbau wichtiger Kontakte bei. Es gibt viele geeignete Themen, bei denen das Eis schnell gebrochen ist und niemand das Gesicht verliert. Zum Beispiel kann der deutsche Geschäftspartner sich ausgiebig über das leckere chinesische Essen unterhalten, über Restaurants, Reisen und Sehenswürdigkeiten. Auch persönliche Themen wie die Familie, Hobbys, Kunst, Musik und Sport sind geeignet. Besonders zu loben ist auch das wirtschaftliche Wachstum, die schnelle Entwicklung und der Fortschritt in China, auch die Olympischen Spiele 2008 und die World Expo 2010 in Shanghai.

Jede Art von Kompliment und Lob wird immer gern gehört. Dabei kann man nichts verkehrt machen. Von Themen wie Politik, Taiwan, Tibet, Menschenrechte, Korruption, Aberglaube und *Falun Gong* (eine verbotene Sekte) sollte man sich fernhalten. Negativer Gesprächsstoff wie Unglück und Katastrophen ist nicht geeignet. Dabei sollte auch nicht das eigene Land, die Firma und die Politik kritisiert werden. Falls es zu einer längeren Diskussion kommt, ist es wichtig,

> **Wichtig:** Rufen Sie Ihren Geschäftspartner des Öfteren an. E-Mails sind zwar gut aber persönliche Telefonate noch wichtiger, um eine Beziehung aufzubauen. Auch wenn Sie sich nicht so gut verständigen können, es ist sinnvoll sich immer mal wieder telefonisch zu melden um nach dem Stand der Dinge zu fragen und Smalltalk zu halten.

Chinesen stellen sehr gerne Fragen zu Familienangelegenheiten, Alter, Gehalt und zu Preisen von persönlichen Dingen. Wenn Sie darauf nicht direkt antworten möchten, sagen Sie nicht: „Das geht Sie nichts an.", sondern packen die Antwort höflich ein: „Das ist eine längere Geschichte" oder „Das ist kompliziert."

38. Smalltalk

„Man sollte nie vergessen, dass Gesellschaft lieber unterhalten als unterrichtet werden will."
Freiherr Adolf Knigge, deutscher Aufklärer
(1752 – 1796)

Im Vergleich zu anderen Nationen macht der Deutsche viel weniger Smalltalk. Das verstört andere oft. Er lernt jedoch dazu.

In fast jeder Situation hat man etwas gemeinsam, auf das man für ein kleines Gespräch zurückgreifen kann: einen Gastgeber, eine Konferenz, das gebotene Essen ... Gemeinsamkeiten eignen sich fabelhaft für Smalltalk, Trennendes eignet sich nicht. Man darf ruhig höflich seine Meinung sagen, auch wenn sie kontrovers ist – so lotet man aus, wie der andere tickt, und kann ein wenig in die Tiefe gehen. Smalltalk (auch *Light Talk* genannt) muss nicht nur im seichten Wasser vor sich hin dümpeln, sollte aber Rücksicht auf die Gefühle des Gegenübers nehmen. Uncharmant jemanden auflaufen zu lassen, ist ein großer Fauxpas.

Gänzlich ungeeignet sind in Deutschland polarisierende Themen wie Religion oder Sex, niveauloser Klatsch und Tratsch. Inhalte wie Krankheit, Tod, Politik (es sei denn, lauter Gleichgesinnte kommen zusammen), Ehekrisen, Kritik am Gastgeber, Firmeninterna und Slapstick sind tabu. Anders gesagt: Geld, Körper, Persönlichkeit, die eigenen Überzeugungen, Werte, Ängste und der ganze

Seelenmüll haben bei dieser Art von Konversation nichts verloren. Angeberei ist ebenfalls verpönt.

Ein Gespräch sollte stilvoll beendet werden, beim Smalltalk im Business nach ca. fünf bis zehn Minuten. Die Überleitung vom Smalltalk zum harten Kern des Geschäfts übernimmt der Ranghöhere, der Gastgeber oder der Einladende – und möglichst nicht abrupt.

39. Neugier

Während der Kulturrevolution war alles Fremde verpönt. Mit der Öffnungspolitik nach 1978 kamen wieder mehr Ausländer ins Land. Über sie wollte man alles wissen. So interessant die Fremden auch waren, ihre Namen hatten sie schnell weg: *Langnasen, Ausländische Teufel, Geister, Gespenster* (mit blauen Augen und blonden Haaren) wurden sie genannt.

Auch heute noch sind Chinesen sehr neugierig und möchten alles für sie Exotische verstehen. Sie stellen viele persönliche Fragen, um das Fremde mit ihrem eigenen Leben vergleichen zu können. Natürlich sind inzwischen die Langnasen keine Seltenheit mehr – zumindest in den Großstädten. Es wird jedoch kaum eine Gelegenheit ausgelassen, um nach dem Woher und Wohin zu fragen und den Ausländer zu fotografieren. → *Fotografieren*

Wer das Wort *„laowài"* (Mandarin = ehrenwerter Ausländer), *„gweilo"* (Kantonesisch = männlicher ausländischer Geist) oder *„dé guó rén"* (Mandarin = Deutscher, Tugendlandmensch) hört, kann ziemlich sicher sein, dass gerade über ihn gesprochen wird.

39. Neugier

„Und wie viel hat das gekostet?"

Für viele Menschen haben Sachen ja nur dann Wert, wenn sie viel kosten. Und um bewundern zu können, müssen sie erst den Preis wissen. Sie denken aber nicht daran, dass solche Neugierde beinahe unverschämt ist. Zumindest in Deutschland. Neugierig (und offen) soll man für neue Erkenntnisse sein. Aber nicht auf die Preise der Armbanduhr, des schicken Blazers, der Aktentasche. „Die war sicherlich schrecklich teuer. Mit meinem Gehalt könnte ich mir die nicht leisten." Das ist in den meisten Gegenden Deutschlands (der etwas ungenierte Rheinländer bildet hier eine Ausnahme) eindeutig eine Distanzverletzung, zumal wenn sie von Mitarbeiter zu Chef gestellt wird. Andersherum ist es auch peinlich: „So ein teures Hobby haben Sie? Sie verdienen hier wohl zu gut."

Passiert ein Unglück auf der Straße, bilden sich gleich lange Schlangen von Gaffern. Ziehen die neuen Nachbarn ein, klebt der Deutsche an seiner Fensterscheibe. Selbst möchte er allerdings nicht ausgequetscht werden wie eine Zitrone – nicht über seine Privatsphäre. Darum sollte man sich mit allzu neugierigen Fragen zum Familienstand, zur Gesundheit und zum Gehalt zurückhalten. Bei zunehmender Vertrautheit gibt sich dann auch der Deutsche offener.

40. Freundschaft

„Freunde zu verlieren ist leicht, Freunde zu gewinnen schwer."
(Chinesisches Sprichwort)

In China wird Berufliches und Privates oft vermischt und man wird schnell als Freund angesprochen. Deshalb trinkt man bei geschäftlichen Essen oft auf die Freundschaft beider Personen, auf die Unternehmen und auf die Länder. Wahre Freundschaft meint auch Beziehung, die langsam aufgebaut werden muss und gegenseitigen Nutzen und Vorteile bringt. Eine Freundschaft beinhaltet auch Verpflichtungen, so erwartet man von Freunden einen Preisnachlass oder andere Vorteile.

Man kennt zwar viele Menschen und versucht, viele Beziehungen aufzubauen, aber wahre und tiefe Freundschaften brauchen sehr viel Zeit und Vertrauen, diese halten dann aber ein Leben lang.

40. Freundschaft

Eine Freundschaft (unter Deutschen) entwickelt sich meistens durch gemeinsame Interessen oder Aktivitäten. Wer sich mag, geht bald zum *Du* über. Sobald eine gemeinsame Vertrauensbasis da ist, muss man an der Freundschaft arbeiten, um sie am Leben zu erhalten. Freundschaften haben in Deutschland einen enorm hohen Stellenwert – und auch eine Verpflichtung. Eine wirklich gute, dicke Freundschaft ist auf Lebenszeit angelegt. Deutsche unterscheiden zwischen *einfachen* Freunden und *guten* bzw. *besten* Freunden. Berufliches und Privates wird aber meist getrennt. Ein Bekannter auf beruflicher Ebene ist (erst einmal) kein Freund. Daher wirken Deutsche auf viele zunächst oft etwas distanziert. So auch, wenn sie abends eine Kneipe oder einen Biergarten besuchen. Das tun sie mit Freunden, für die sie sich Zeit genommen haben. Selten alleine. Mit ihrer Körpersprache, ihrem Benehmen signalisieren sie dann, dass sie keine neuen Menschen kennenlernen möchten.

Zur interkulturellen Verständigung kann noch einiges beigetragen werden. In Deutschland sowie in China nutzen schon viele Manager ihre Urlaubstage, um sich etwa als Pate für eine soziale Einrichtung in ihrer Umgebung zu engagieren.

„Deutsche sind wie Kokosnüsse: Man kommt schwer an sie heran, man kann sie anbohren und braucht Geduld, bis man drin ist. Und wenn man dann drin ist, kommt man kaum noch raus, weil deutsche Freunde alles entschuldigen. Man wird sie nicht mehr los!" (Dr. Katrin Gratz, Ludwig-Maximilians-Universität München, Institut für Ethnologie).

Übrigens: Die Liebe zur Natur und den Naturschutz kann man mit Fug und Recht als etwas typisch Deutsches bezeichnen. Durch die gesamte Nationalliteratur (altdeutsche Geschichte) zieht sich ein tiefer Respekt vor der Schöpfung. Erzählungen sind gespickt mit Legenden um Berggeister oder Sagen von Rheinjungfrauen. Der zivilisationsgeplagte Stadtbürger wird heutzutage Mitglied eines Schrebergartenvereins, in dem er am Wochenende mit Gleichgesinnten werkelt. In den südlichen Bundesländern wird auch ausgiebig mit der Clique gewandert.
→ *Kleidung im Berufsalltag*

41. Humor

Der westliche Humor wird meistens nicht verstanden. Deshalb sollten Witze und Ironie lieber weggelassen werden. Es ist wichtig, immer respektvoll und freundlich zu bleiben. → *Lachen und Lächeln*

41. Humor

Entsprechend ihres Bildungsstandes und ihrer Hörgewohnheiten lachen Deutschen viel und gern. Vielleicht trauen sie aber ihrem eigenen Amüsier-Talent nicht so recht, denn sie besuchen Lach-Seminare und gehen zuweilen auch in eine Lach-Therapie! Der Arbeitsalltag *verbietet* allzu große Fröhlichkeit – denn bringt man andere zum Lachen, wird man nicht sehr ernst genommen. Und so konsumiert man in deutschen Landen den Witz aus dem Fernsehen abends nach dem Essen. Der deutsche Humor scheint weniger ironisch zu sein, dafür langsamer und wärmer als zum Beispiel der englische. → *Lachen /Lächeln* → *Sprache*

42. Kritik

„Ein vornehmer Mensch tadelt sich selbst,
ein gewöhnlicher die anderen."
(Konfuzius)

Überall auf der Welt hört man Kritik nicht gerne. In China ist Kritisieren jedoch ein Tabu-Thema und ein absoluter Gesichtsverlust, der nicht mehr rückgängig gemacht werden kann. Deshalb sollte öffentliche Kritik an Land, System und Personen unterlassen werden. Wenn unbedingt kritisiert werden muss, dann nur mit viel Lob, zwischen den Zeilen oder in Metaphern verpackt, sodass keiner das Gesicht verliert. Wenn zum Beispiel das Essen nicht geschmeckt hat, kann dafür der freundliche Service gelobt werden. Statt Kritik kann auch freundlich Hilfe angeboten werden oder der Idealzustand wird hervorgehoben. → *Gesicht*

Bei Mitarbeitern sollte Kritik nur unter vier Augen stattfinden und mit viel Lob verbunden sein. Der Vorgesetzte kann zum Beispiel auf einen Fortbildungskurs hinweisen, wo bestimmte Kompetenzen maximiert werden können. Harmonie ist eine wichtige Spielregel und sollte immer aufrecht erhalten bleiben. → *Harmonie*

Obwohl Harmonie und indirekte Kommunikation großgeschrieben werden, gibt es immer noch traditionelle Manager, die sehr direkt ihre Mitarbeiter tadeln, beschimpfen und sogar – um Hierarchie zu demonstrieren – stundenlange Strafpredigten halten. Zum Beispiel wurden in den letzten Jahren immer noch Fabrikmitarbeiter zu einem Appell aufgerufen, wo sie dann kontrolliert, verbal und körperlich gezüchtigt wurden.

Vorsicht: Chinesen nehmen direkte Kritik oft persönlich und vergessen das ihr Leben lang nicht. Bei ungeschminkter Kritik reagieren sie auch oft mit Ablehnung, reden schnell über etwas anderes oder stellen Fragen über allgemeine Themen (z. B. Wetter, Essen, Reisen), um von dem Gesichtsverlust abzulenken.

Wie kann aber nun indirekt Kritik ausgeübt werden? Ein klassisches Beispiel ist es, die Kritik an einer Person auf eine andere zu richten. Der Adressat weiß dann schon, dass er selbst gemeint war. Hoffentlich! Zum Beispiel beschwert sich der Besitzer einer Firma bei dem Manager über die Fabrikarbeiter, meint aber den Manager damit selbst. Wenn Sie ein Qualitätsproblem haben, können Sie auch betonen, dass Ihr Kunde sich beschwert hat, und fragen Ihren chinesischen Geschäftspartner, wie man das Problem nun gemeinsam lösen kann.

42. Kritik

„Ich habe Sie zu diesem Gespräch gebeten, weil ich mit Ihrer Leistung nicht zufrieden bin."

Mit Kritik wird in Deutschland konstruktiv umgegangen, solange sie sachlich und kompetent ist. Meistens zielt diese Kritik nicht auf die Person selbst ab. Man betrachtet Konflikte nicht von vornherein als unangenehm.

Schwierigkeiten und Fehler werden direkt genannt, um sie zu beheben. Wer recht hat oder nicht, ist von untergeordneter Bedeutung. Im Kritikgespräch mit dem Vorgesetzten wird empfohlen, keine Defensivhaltung einzunehmen. Die Schuld für bestimmte Fehler schiebt man auch nicht den Arbeitskollegen in die Schuhe. Stattdessen sollte plausibel dargelegt werden, warum man diese oder jene Entscheidung getroffen hat, sodass der Chef das Handeln nachvollziehen kann.

Wenn in China verallgemeinernd festzustellen ist, dass im persönlichen Gespräch mit dem Vorgesetzten traditionell Bescheidenheit, Höflichkeit und positive Bestätigung im Vordergrund stehen, so kann in Deutschland ein selbstbewusstes Auftreten erwünscht sein. Auf Fragen nach Verbesserungsvorschlägen sollte der Mitarbeiter konstruktiv reagieren. Allerdings sollte ein gewisses Maß

Darf man seinen Chef kritisieren?
Ja, wenn er es zulässt. Im Normalfall darf jeder jeden kritisieren, aber gerade da, wo es Hierarchien gibt, muss man es vorher abfragen. Grundsätzlich sollte man sein Gegenüber fragen, ob es für ihn in Ordnung ist, wenn man ihm Feedback gibt. Kritik ist ein Feedback, eine Rückmeldung und dazu gehören Emotionen und Gefühle, um das Ganze zu verstehen.

eingehalten werden. Wer zu provokativ fragt oder antwortet, kann arrogant erscheinen. Das macht auch in Deutschland keinen guten Eindruck.

Studien haben ergeben, dass Menschen, die Macht verspüren und das Gefühl, alles kontrollieren zu können, Misserfolge häufiger auf sich selbst zurückführen und lernbereit sind, um Fehler nicht zu wiederholen. Mitarbeiter suchen Fehler bei anderen. Um die Lernbereitschaft zu steigern, sollten also Vorgesetzte ihren Mitarbeitern möglichst viel Freiheit lassen – denn dadurch empfinden sie eher das Gefühl von Einfluss und Kontrolle. Und umso eher sind sie gewillt, aus Fehlern und Misserfolgen zu lernen. Weltläufige Vorgesetzte mit einem empathischen Führungsstil tun das ganz automatisch. → *Probleme*

43. Lob und Dank

Beziehungen aufbauen, Gesicht geben und wahren, Harmonie aufrechterhalten, das sind wichtige Spielregeln für chinesische Geschäftspartner. Und der einfachste Weg, all dies zu erreichen, sind Lob, Dank und Komplimente. Bei jedem Kontakt – persönlich oder per E-Mail – gibt es immer eine Möglichkeit, sich zu bedanken: für das Interesse, die Anfrage oder für die investierte Zeit. → *E-Mail*

Übrigens: Da Chinesen sehr bescheiden sind, werden sie nicht wie die Deutschen ein Kompliment selbstbewusst annehmen. Meistens geben sie das Kompliment höflich zurück oder sagen *„na li, na li"*. Wörtlich heißt dies „wo, wo?", bedeutet aber so viel wie „Das ist doch nicht der Rede wert."

Jeder hört gerne Lob und Komplimente, dabei darf man in China auch etwas übertreiben und mit dem Lob sehr großzügig umgehen. Man kann zum Beispiel die elegante Kleidung des Geschäftspartners, die moderne fortschrittliche Technik der Firma und natürlich das ausgezeichnete Essen loben. Je mehr gelobt wird, desto mehr Gesicht und Respekt wird dem Geschäftspartner gegeben und dadurch die Beziehung aufgebaut und gepflegt. Vorsicht: Gegenstände des Gastgebers (wie zum Beispiel Bilder und Vasen) nicht zu sehr loben, sonst fühlt sich dieser verpflichtet, sie herzuschenken.

Wenn man selbst Komplimente erhält, sollte man diese auch gleich wieder zurückgeben. Ist ein Projekt gut gelungen, danken Sie dem Partner für sein Mitwirken oder seine Führung ebenfalls.

43. Lob und Dank

Hat man etwas für andere getan, darf man auch einen Dank erwarten. Wer sich nicht zu bedanken weiß, zeigt eine schlechte Kinderstube. Ein kultivierter Mensch bedankt sich ganz automatisch, wenn etwas für ihn getan wurde, und zwar ohne Ansehen der Person und der sozialen Hierarchie. Lob und Komplimente sollten aber auch ehrlich gemeint sein. In Deutschland gilt daher: Die richtige Dosis ist entscheidend. Im Geschäftsleben ringen sich manche Deutsche ein Lob ab. Die meisten Manager warten mit dem Loben, bis ihre Mitarbeiter etwas genau richtig gemacht haben. Als Folge davon erreichen viele Menschen nie ihre Höchstleistung, weil ihre Manager sich darauf konzentrieren, sie bei Fehlern zu ertappen. Die *Lobverweigerer* schaden sich selbst, denn Menschen ohne positives Feedback arbeiten weniger beflügelt als die Anerkannten. Vorsicht ist geboten, wenn man selbst seine Vorgesetzten loben möchte – es steht Angestellten normalerweise nicht zu, Beurteilungen über deren Verhalten oder Aussehen abzugeben.

Manch ein Deutscher steht einem (zu dick aufgetragene) Lob etwas hilflos gegenüber und antwortet dann mit Plattitüden wie: „Kein Problem." Denn viele haben nie gelernt, mit Lob umzugehen. Bei Lob-Reden gilt es daher, die Reaktionen der Gelobten im Auge zu behalten und die Lob-Menge anzupassen.

„Vielen Dank für die Einladung" ist viel zu dürftig für ein teures Geschäftsessen in einem Edelschuppen oder für ein privates Dinner. Da sollten sich die Eingeladenen ein paar warme Worte einfallen lassen, um auszudrücken, warum der Abend so angenehm und bereichernd war.

Übrigens: Es klingt sehr sonderbar, wenn etwas Unwichtiges – wie etwa die elegante Brille des Redners – positiv herausgehoben wird, jedoch nicht der brillante Vortrag selbst. Oder wenn eben dieser Redner bei seinem nächsten Vortrag im launigen Ton angekündigt wird: „Da Sie beim letzten Mal ganz gut waren, haben wir Sie noch einmal eingeladen." Das ist verletzend und herabwürdigend. Männern steht es im Geschäftsleben nicht zu, die gute Figur der Sekretärin (als Beispiel) zu beurteilen.

44. Entschuldigungen

Sich zu entschuldigen als Teil der Höflichkeit ist immer angebracht. Wenn eine Person sich an jemandem vorbeidrängeln muss oder das Gespräch unterbricht, sagt man ein kurzes *„Duì bù qǐ"* („Es tut mir leid.") Dies gilt auch für kleine Missgeschicke oder peinliche Situationen. Dabei wird in China das Missgeschick schnell mit einem Lächeln übergangen.

Wenn Sie jedoch einen Fehler begangen haben und sich dann auch noch öffentlich dafür entschuldigen, ist der Gesichtsverlust doppelt groß. Wichtig ist es, nun schnell für das Problem eine Lösung zu finden, anstatt ausführlich um Entschuldigung zu bitten oder nach dem Schuldigen zu suchen. Wer Fehler zugibt oder nach Fehlern sucht, hat in Deutschland Schuld. In China ist damit jedoch Schande verbunden. Wenn zum Beispiel in einer Fabrik ein Produktionsfehler entstanden ist oder die falsche Ware/Menge geliefert wurde, entschuldigt man sich nicht in der Öffentlichkeit. Unter vier Augen wäre eine Entschuldigung dann doch noch angebracht.

„Ist eine Sache geschehen, dann rede nicht darüber, es ist schwer, verschüttetes Wasser wieder zu sammeln."

(Chinesisches Sprichwort)

Wenn allerdings ein schwerwiegender Fehler das ganze Land betrifft (wie bei den Chemikalien in Babymilchprodukten von Sanlu Co. in 2008), wird eine öffentliche Entschuldigung erwartet und auch gegeben.

44. Entschuldigungen

Glaubwürdig um Verzeihung zu bitten, ist für viele nicht einfach. So manchem fallen die Worte „Es tut mir leid" sehr schwer. Damit eine Entschuldigung glücken kann, muss man anerkennen, dass man bestimmte soziale Normen verletzt hat. In Deutschland zeugt es von Charakterstärke, wenn jemand seine Fehler offen zugeben kann. Diese Fähigkeit wird hoch geschätzt und Fehler dadurch leichter verziehen. Wer einen Fehler unumwunden eingesteht, zeigt Selbstvertrauen und Souveränität. Man selbst nimmt auch die Entschuldigungen anderer an.

Bei einem kleinen Missgeschick und wenn ein anderer davon betroffen ist, erfordern die gesellschaftlichen Spielregeln selbstverständlich eine bedauernde Reaktion: „Entschuldigung", „Verzeihung", „Tut mir leid", „Pardon". Das Gleiche gilt, wenn man ein Gespräch unterbrechen muss, weil das Telefon klingelt oder man sich am Telefon verwählt hat, wenn man zu spät zur Sitzung kommt oder wenn man sich im Restaurant kurz in den Waschraum zurückzieht: „Entschuldigen Sie mich bitte einen Moment."

Haben wir die Erwartungen unserer Mitmenschen verfehlt, ihr Vertrauen missbraucht oder unser Versprechen nicht gehalten, wollen die meisten Menschen im westlichen Kulturkreis zwingend eine Entschuldigung. Oft tut es die Abbitte allein nicht – sie kann aber einen meist länger währenden Versöhnungsprozess einleiten.

Forschungen zeigen deutlich, dass eine Entschuldigung *keinem* Schuldeingeständnis gleichkommt. Eine gute Entschuldigung kann die Rachegelüste der Opfer mindern, die Produktivität erhalten und sie ist nötig, um Vertrauen wiederherzustellen und um Risse in der Reputation eines Menschen zu glätten.

45. Floskeln

Floskeln tragen zur Harmonie bei und werden in China nicht so genau genommen. Bei der Begrüßung „Wie geht es Ihnen?" oder „Haben Sie schon gegessen?" möchte niemand genau wissen, wie es jemandem wirklich geht oder ob derjenige schon gegessen hat. Deshalb nicht ehrlich und ausführlich antworten, ein kurzes freundliches Nicken oder „Danke, gut" reicht aus. „Haben Sie schon gegessen?" ist in China eine Begrüßungsform und es wird keine Antwort darauf erwartet. → *Grüßen*

Vorsicht, während man für die Gäste übertriebene höfliche Floskeln benutzt, sollte man sich selber eher zurückhalten. Zum Beispiel bezeichnet man sein elegantes großes Büro als „unser kleines bescheidenes Büro" oder seine guten Sprachkenntnisse als „einfache Grundkenntnisse".

45. Floskeln

Der Deutschen liebste Floskel ist (zurzeit) „Kein Problem". Alles wird zum „Problem" gemacht – ist dann aber keines. Nichtssagende Redensarten klingen platt und abgedroschen. Besser ist es, sich in die jeweilige Situation hineinzudenken und einen entsprechenden Satz zu formulieren.

Man sagt:

- *Nicht:* „Gesundheit", wenn jemand niesen musste, sondern übergeht den Laut taktvoll.

- *Nicht:* „Mahlzeit" als beliebten Mittagsgruß, sondern (kreativ) „Erholsame/ schöne Mittagspause" oder einfach „Guten Tag". „Mahlzeit" ist nicht stilvoll, aber wohl leider nicht auszurotten!

- *Nicht:* „Prost", „Wohlsein", wenn man sich bei offiziellen Anlässen mit Getränken zuprostet, sondern: „Lassen Sie uns den Wein probieren", „Auf einen schönen Abend", „Auf uns" oder Entsprechendes.

- *Nicht:* „Guten Appetit", wenn man mit dem Essen beginnt, sondern „Lassen Sie uns beginnen", „Genießen Sie Ihr Essen".

Man sagt am Telefon

- *Nicht:* „Wie war doch gleich Ihr Name?" Der andere ist ja noch am Leben! *Besser:* „Sagen Sie mir bitte nochmals Ihren Namen."

- *Nicht:* „Um was geht es denn?" *Besser:* „Was darf ich ausrichten?"

- *Nicht:* „Dafür bin ich nicht zuständig." *Besser:* „Dafür ist Frau Heine zuständig – ich verbinde Sie gerne weiter."

- *Nicht:* „Was ist Ihr Problem?" *Besser:* „Wie kann ich Ihnen helfen?", „Darf ich Ihnen weiterhelfen?" → *Grüßen*

46. Intonation

Missverständnisse in der chinesischen Sprache sind fast unvermeidbar. Jede gesprochene Silbe kann durch die Intonation vier verschiedene Bedeutungen haben. Falls Ausländer einen falschen Ton erwischen, können sie in eine peinliche Situation geraten. Zum Beispiel kann die Silbe „ma" entweder Mutter oder Pferd bedeuten, und die Silbe „fen" entweder Minute oder Kot. Viele Chinesen formulieren auch mit Absicht oder zum Spaß Sätze, die eine zweideutige Bedeutung haben. Oft muss man dann zwischen den Zeilen lesen, um die wahre Absicht herauszufinden, dafür bedarf es aber schon sehr guter Sprachkenntnisse.
→ *Humor*

Die Standardsprache ist Hochchinesisch (Mandarin, *Pŭtōnghuà*) und wird von der Mehrzahl der Chinesen gesprochen. Daneben gibt es noch sieben Dialekte (Kantonesisch, Wu, Min, Jinyu, Xiang, Hakka und Gan), die in weitere Einzeldialekte eingeteilt sind. Die Verständigung untereinander ist daher sehr schwierig. Folglich wird überall Hochchinesisch in der Schule unterrichtet und Dialekte sind regional begrenzt.

46. Intonation

Deutschland gehört sicher zu den Ländern mit auffallend vielen Dialekten. Die Unterschiede von Nord nach Süd sind zuweilen so groß, dass auch deutsche Außenstehende außer Zischlauten und Gemurmel nichts mehr verstehen. Wie soll es da erst einem Ausländer ergehen? Aber keine Sorge: der Dialekt-Schwätzer bemüht sich um eine verständliche Aussprache, sobald er merkt, dass jemand nur Bahnhof – also nichts – versteht. Meistens jedenfalls!

Übrigens: Das Wort Dialekt kommt aus dem Griechischen und bedeutet „Gespräch und Redensweise von Gruppen". Die Sprachentwicklung in Deutschland dauerte viele Jahrhunderte, in denen immer wieder die Dialekte von Lautverschiebungen beeinflusst wurden. Davon waren vor allem die Konsonanten p, t und k betroffen (Appel = später Apfel; dat, wat und Water = später das, was und Wasser.

Heute zählt man innerhalb Deutschlands 16 größere Dialektverbände, dazu gehören unter anderem Bayerisch, Alemannisch, Obersächsisch, Ostfränkisch, Rheinfränkisch, Westfälisch, Ostwestfälisch, Brandenburgisch und Nordniederdeutsch. Auf dem Land wird häufiger Dialekt gesprochen als in der Stadt. Während im Süden des deutschsprachigen Raumes noch die Mehrheit der Bevölkerung einen Dialekt spricht, sind es in der nördlichen Hälfte teilweise weniger als 30 %. Dialektsprecher findet man in allen sozialen Schichten. Das beste Hochdeutsch sprechen die Norddeutschen. Dazu erlebt man eine ausgeprägte Wissenschaftssprache, eine Mediensprache sowie eine Literatursprache.

47. Nein sagen

Ein direktes Nein gibt es in China höchst selten. Ein Nein ist eine Absage und damit unhöflich, ein Gesichtsverlust. Die direkte negative Antwort wirkt verletzend. Statt Nein sagen die Chinesen dann eher „Vielleicht", „Mal sehen.", „Wir überlegen es uns." oder „Wir werden uns bemühen". Um eine unangenehme Situation zu vermeiden, erfinden Chinesen auch gerne geschickte, kleine Lügen oder schieben die Schuld auf jemand anderen: „Der Besitzer/Manager ist gerade nicht zu sprechen." „Die Genehmigung wurde nicht erteilt." „Das Unternehmen ist gerade geschlossen." Dabei wird von allen das Gesicht gewahrt. Als Deutscher denkt man sich seinen Teil dazu.

Übrigens gibt es aber auch Situationen, in denen man Nein sagen sollte, es aber eigentlich nicht so meint. Gäste sollten sich bei Geschenken und Einladungen zuerst einmal zurückhalten: „Nein danke, das ist doch nicht nötig." Nach dem

> **Achtung:** Treiben Sie Ihren chinesischen Geschäftspartner nicht in die Enge mit Suggestivfragen und Ja- oder Nein-Fragen, weil ihm sonst nichts anderes übrig bleibt, als Ja zu sagen. Stattdessen stellen Sie lieber offene Fragen (Wie lange...?, Wann...? usw.).

zweiten oder dritten Angebot kann dann das Geschenk oder die Einladung angenommen werden. Man will ja nicht zu gierig und unhöflich erscheinen.

Es gibt auch klare Zeichen dafür, dass ein Nein gemeint ist. Zum Beispiel durch offensichtliche Ablenkungen, Schweigen oder Gegenfragen kann man davon ausgehen, dass eigentlich Nein gemeint ist.

47. Nein sagen

Businessbücher legen Menschen in der Bundesrepublik nahe, *Nein* zu sagen, wenn sie dies auch so meinen. Denn bei aller Freundlichkeit und Hilfsbereitschaft ist es manchmal wichtig, auf Grenzen zu bestehen. Und zwar immer dann, wenn man das Gefühl hat, ausgenutzt zu werden. Kommt man dann trotzdem der Bitte nach, bedeutet das meistens Mehrarbeit und Stress.

Den meisten Menschen, so auch in Deutschland, fällt es schwer, eine Aufforderung oder Bitte abzulehnen. Wer fürchtet nicht, durch ein klares Nein unhöflich oder unprofessionell zu wirken? Ein *Nein* (zu einer plötzlich aufgehaltenen Arbeit, einer unangekündigten Nachtschicht usw.) sollte mit einem freundlichen, wohlwollenden Tonfall kombiniert werden – eine Absage muss nicht knallhart formuliert werden.

Stilvoll ist es allerdings auch, sich Bedenkzeit vor der Ablehnung auszubitten – so hat der andere das Gefühl, man hätte wenigstens darüber nachgedacht. Aber mal ehrlich: Stress zu haben, gehört schon zum guten Ton. Wer keinen hat, wirkt verdächtig. Ist es wirklich besser, in Arbeit zu ertrinken, als relativ pünktlich nach Hause zu gehen?

48. Ja sagen

Wie auch beim *Nein* ist ein klares Ja in China unbekannt, dafür gibt es keine direkte sprachliche Übersetzung. Ja bedeutet nicht immer dasselbe wie in Deutschland. In Gesprächen wird zum Beispiel oft genickt, gelächelt und Ja gesagt. Damit signalisiert der Chinese lediglich, dass er es gehört und/oder verstanden hat, aber nicht unbedingt, dass er damit einverstanden ist. Falls man wissen möchte, wie gut der chinesische Geschäftspartner die Sache verstanden hat oder gar einverstanden ist, sollte der Deutsche sich am besten den Sachverhalt sehr diplomatisch erklären lassen oder fragen, was er dafür tun kann.

Vorsicht: *„Méi wèn tí"* (Mandarin) und *„mo man tai"* (Kantonesisch) bedeutet „Kein Problem". Wenn Sie diese Ausdrücke hören, bedeutet dies nicht, dass nun alles klar ist, sondern nur, dass Sie verstanden wurden. Es bedeutet noch lange nicht, dass ein Problem gelöst wurde.

Welche Anhaltspunkte gibt es dennoch für ein klares Ja? Immer dann, wenn es um Details geht. Man hat Treffpunkte und Uhrzeit ausgemacht, weiß den Preis der Ware und kennt die Lieferbedingungen. Das sind klare Fakten.

48. Ja sagen

Ein *Ja* ist in Deutschland (ziemlich) bindend. Was der Deutsche sagt, das meint er auch so. Er wird seine Zusage einhalten und keineswegs das Vertrauen aufs Spiel setzen wollen. Wird zum Beispiel eine Einladung ausgesprochen, die der Deutsche gerne annehmen möchte, wird er begeistert zusagen. Falls nicht, wird er eine Ausrede suchen, um nicht teilnehmen zu müssen, oder er wird den Vorschlag mit einem bedauernden *Nein* kommentieren. (Übrigens: Wer dreimal hintereinander bei der gleichen Person absagen musste, sollte schleunigst eine Gegeneinladung aussprechen, denn sonst kann er selbst plötzlich vollkommen *out* sein.)

Die bescheidene Antwort „Das ist doch nicht nötig" (auch bei Präsenten) kommt einem Deutschen eher nicht über die Lippen. Auf ein Lob antwortet er gerne mit einem „Danke" und kann sich schwer vorstellen, dass dies beim Gegenüber als arrogantes und überhebliches Verhalten gedeutet wird. → *Körpersprache*

Tipp: „Im nächsten Jahr statten Sie uns zum Drachenbootfest aber unbedingt einen Gegenbesuch ab." Man sollte darauf vorbereitet sein, dass der Deutsche kommt!

49. Dolmetscher

Obwohl viele Chinesen gut Englisch sprechen, setzen sie meistens einen Dolmetscher ein. Das hat mehrere Gründe. Chinesen lieben es, in ihrer Muttersprache

Achtung: Manche Chinesen verstehen ganz gut Deutsch und benutzen einen Dolmetscher, um die Zwischengespräche mitzubekommen.
Sprechen Sie in Verhandlungen immer Ihren Geschäftspartner an, nicht den Dolmetscher.

zu verhandeln. Aus Höflichkeit sprechen sie am Anfang der Verhandlung oft Englisch, dann wechseln sie aber schnell in die Muttersprache, da dadurch viele Metaphern und indirekte Redewendungen einfacher auszudrücken sind. Durch einen Dolmetscher wird Zeit gewonnen, um sich eine Antwort zu überlegen. So hat man die Möglichkeit, Reaktionen besser zu beobachten und einzuschätzen.

Bei wichtigen Gesprächen sollte ein eigener Dolmetscher mitgebracht/eingestellt werden. Es ist auch ratsam, alle wichtigen Punkte und technischen Begriffe vorher zu besprechen. Ein Dolmetscher sollte nicht nur beide Sprachen gut beherrschen, sondern auch Fachkenntnisse und interkulturelles Wissen besitzen.

49. Dolmetscher

Deutsche in relevanten Positionen beherrschen die englische Sprache – und das tun ja viele Chinesen auch. Eigentlich könnten Verhandlungen ohne Dolmetscher möglich sein. Um interkulturellen Missverständnissen vorzubeugen wird auf deutscher Seite trotzdem oft ein kulturell versierter Kommunikationsberater verpflichtet. Denn ein Profi besitzt neben einem umfangreichen technischen Wortschatz auch ein hochsensibles Gespür für Zwischentöne, die sonst der deutschen Verhandlungsseite verborgen blieben.

50. Sprache

Um in China Geschäfte zu machen, sind ein paar Grundkenntnisse der Sprache von Vorteil. Allein die Tatsache, dass man sich als Ausländer bemüht, wird geschätzt. Das kann Beziehungen aufbauen und Türen öffnen.

Nach der Rechtschreibreform von 1957 hat Mao Tse-tung die vereinfachten Kurzzeichen in China eingeführt. Die traditionellen Langzeichen werden noch in Hongkong, Taiwan und Macao benutzt.

Hochchinesisch (*Pǔtōnghuà,* Mandarin) ist die offizielle Sprache in der Volksrepublik China, Taiwan und Singapur. Sie besteht aus vier verschiedenen Tönen.

Der erste Ton wird konstant hoch ausgesprochen. Der zweite Ton steigt von der Mitte bis zu einer hohen Tonlage. Der dritte Ton sinkt nach unten und steigt dann wieder hoch. Der vierte Ton fällt scharf und kurz nach unten.

Hier einige Grußformeln und allgemein höfliche Sätze und Fragen:

Grüße:

你好! - *Ní hǎo!* - Hallo!, Guten Tag! (Du)

您好'! - *Nín hǎo* - Guten Tag! (Sie)

再見! - *Zài jiàn!* - Auf Wiedersehen.

明天見! - *Míngtiān jiàn!* - Bis Morgen!

Höflichkeiten:

請您 - *Qǐng nín* - Bitte (ich darf Sie bitten).

謝謝 - *Xièxie* - Danke.

不客氣 - *Bú kèqi* - (Antwort auf Danke).

歡迎 - *Huān yíng* - Willkommen.

對不起 - *Duìbuqi* - Entschuldigung.

沒關係 - *Méi guānxi* - Macht nichts.

慢慢吃! - *Màn màn chī!* - Guten Appetit!

50. Sprache

Der deutsche Tonfall hat etwas Bestimmtes, Herrisches. Deutsche sprechen für fremde Ohren laut und leidenschaftlich und tendieren dazu, die Szenerie damit zu dominieren. Der deutsche Gesprächsstil sieht so aus: sprechen, Pause, Sprecherwechsel, sprechen, Pause usw. Es sind keine Unterbrechungen gewünscht, die Pause gilt als Signal zum Sprecherwechsel; das Ausredenlassen und das Warten auf Pausen gehören zur Gesprächskultur. Die Satzstellung zwingt den Sprecher dazu, einen Satz zu Ende zu bringen, und den Zuhörer dazu, dem Sprecher bis zum Ende zuzuhören, um die Botschaft wahrnehmen zu können.

Westliche Sprachen sind substantivisch – vor allem die deutsche Sprache schränkt die Möglichkeiten auf Komik arg ein, weil die Satzstruktur Überraschungs-Pointen recht schwierig macht. Hinzu kommt, dass Wörter in westlichen Sprachen, anders als in asiatischen, oft keine Mehrfachbedeutungen haben. → *Humor*

Spricht der Bundesbürger Englisch, kommt dies einer Befehlsform gleich, die sich für den Sprecher allerdings ganz normal anhört. Beispiel: „Wir brauchen hier eine Einigung", „Sie müssen mich bei diesem Punkt verstehen" („We must ...", „You have to ..."). Viele chinesische Partner fühlen sich bestimmt durch diese Sprache bedroht, in die Ecke gedrängt.

Die Direktheit in der Kommunikation ist typisch. Der Deutsche benennt die Sachverhalte in klaren Worten und konzentriert sich oft (manchmal undiplomatisch) auf den Inhalt. Er diskutiert und argumentiert. Rücksichtnahme auf eventuelle Empfindlichkeiten der Gesprächspartner scheint bisweilen nicht sein Ding zu sein. Auch scheint es, dass ihm Ehrlichkeit oft wichtiger als Höflichkeit ist.
→ *Kommunikationsstil*

Ein paar schroffe Bemerkungen lähmen den Gesprächspartner regelrecht im Denken. Er beschäftigt sich mit diesem „nicht respektiert fühlen" und grübelt über Erklärungen dafür nach. Eventuell schmiedet er sogar Rachepläne! Das alles lenkt ab, macht den Einzelnen weniger kooperativ und blockiert ihn für andere Aufgaben.

Übrigens: Unser soziales Gefüge würde wohl zusammenbrechen, wenn alle Menschen sich immer und überall ehrlich sagen würden, was sie voneinander halten und was sie wirklich denken.

Falls der Deutsche seine Stimme zu einem Brüllen erhebt, muss schon etwas sehr Dramatisches passiert sein. Lärmen, donnern, dröhnen wird eher nicht als ein (strategisches) Kommunikationsmittel eingesetzt – im Grunde hat der Mensch dann die Kontrolle über sich verloren.
→ *Personalführung*

„Lautsprecher verstärken die Stimme,
nicht aber die Argumente."
(Hans Kasper, deutscher Schriftsteller)

Absolutes *Highlight* der deutschen Sprache sind wohl die Bandwurmwörter – auf der Welt einmalige Wortschöpfungen wie: *Grundstücksverkehrzuständigkeits-*

übertragungsgesetz, *Telekommunikationsüberwachungsverordnung*, *Unternehmenssteuerfortentwicklungsgesetz*, *Lohnsteuerjahresausgleich*, *Elektrizitätsversorgungsunternehmen* und *Trockenbeerenauslese* – um nur einige zu nennen.

Viele Deutsche ärgern sich über die Verhunzung der deutschen Sprache, wenn sie mit unnötigen englischen Brocken gespickt wird: Wörter wie *body guard, card, bike, news oder X-mas* hießen einmal: *Leibwächter, Karte, Fahrrad, Nachrichten oder Weihnachten* (Verein Deutsche Sprache).

V. Symbolik

51. Feng-Shui

Feng-Shui bedeutet übersetzt Wind und Wasser. Es ist eine über 3.000 Jahre alte taoistische Harmonielehre. Dabei wird die Energie (Chi), die alle Dinge dieser Welt durchströmt, für den Menschen und seine Umgebung positiv genutzt. Die Grundlage dafür bieten die Yin-Yang-Lehre, die fünf Elemente und die acht Trigramme (Himmelsrichtungen).

Viele chinesische Kaiser und auch Mao Tse-tung haben Feng-Shui für sich in Anspruch genommen. Das Volk wurde jedoch lange davon abgehalten. Zum Beispiel haben die Kaiser ihre Untertanen geköpft, wenn sie Feng-Shui anwandten, und Mao hatte während der Kulturrevolution dieses Wissen verboten. Die Mächtigen wollten von dem Glück alleine profitieren.

Feng-Shui wird hauptsächlich beim Bau von Tempeln, Gärten und Häusern und der Ausrichtung der Innenausstattung angewendet, kann aber auch für Visitenkarten, Flyer und Webseiten eingesetzt werden. In jedem chinesischen Restaurant kann man den Einfluss von Feng-Shui beobachten (rote und goldene Farben für das Glück, Drachen oder Löwen am Eingang zum Schutz und natürlich Goldfische für den Erfolg). Bei der Eröffnung eines neuen Geschäfts wird oft ein Feng-Shui-Master mit einbezogen, um einen guten Tag dafür auszusuchen und das Glück und den Erfolg in die richtige Bahn zu lenken.

Viele moderne und junge Chinesen interessieren sich heutzutage weniger für Feng-Shui oder geben ihr Interesse nicht öffentlich zu.

51. Feng-Shui

In Deutschland wurden viele Schlösser und Kirchen nach Feng-Shui-Kriterien erbaut. Nur nannte man das Geomantie. Heutzutage beraten Architekten, Inneneinrichter und Malergeschäfte sehr individuell nach Feng-Shui und beziehen beispielsweise die fünf Elemente ebenso mit ein wie die Himmelsrichtungen.

52. Bedeutung von Zahlen

Zahlen spielen eine wichtige Rolle in China – privat wie im Geschäftsleben, da die meisten Zahlen durch ihre Aussprache entweder eine positive oder negative Bedeutung haben. Hier die wichtigsten Bedeutungen:

1 bedeutet *sicher*. Im Zusammenhang mit **8** besagt es auch *will*. **18** heißt dann so viel wie *sicher reich* oder *will reich* werden.

2 hört sich auf Kantonesisch an wie *leicht*. Im Shanghai-Dialekt wird es mit *kommen* assoziiert, deshalb ist eine Kombination mit **8** immer gut. **28** drückt *leichter Reichtum* oder *Reichtum kommt* aus.

3 heißt so viel wie Leben oder Geburt.

4 ist die unglücklichste Zahl (auch in Japan und Korea) und hört sich an wie Tod und Sterben. Deshalb sind Geschenke in **4**er-Sets ungeeignet. Hausnummern und Telefonnummern mit **4** werden gemieden und der **4**. Stock wird oft weggelassen. Nach dem 3. Stock kommt dann direkt der 5. Stock.

5 kann *ich* oder *nicht* bedeuten. **53** heißt dann *nicht lebendig* und **518** heißt so viel wie *ich will reich werden*.

6 bedeutet *einfach*, deshalb ist eine Kombination mit anderen glücklichen Zahlen immer gewünscht. **168** bedeutet *einfach reich werden*.

7 kann entweder als glücklich oder als unglücklich gedeutet werden, da es als *zusammen* oder als *fortgehen* ausgesprochen werden kann.

8 ist die glücklichste Zahl und heißt so viel wie *Reichtum*, deshalb sind Hausnummern, Zimmernummern und Telefonnummern mit **8** äußerst beliebt. Bei Versteigerungen von Autonummern werden für Zahlen mit **8** sehr große Summen bezahlt. Auch die Olympischen Spiele wurden an einem glücklichen Datum eröffnet: 08.08.2008 um 8:18 Uhr abends.

9 besagt *lange Zeit*, *genug* oder *für immer*.

10 ist nicht so glücklich, da die Zahl so ähnlich wie **4** ausgesprochen werden kann.

Zahlen spielen auch bei Geschäftsessen eine Rolle. Die Anzahl der bestellten Gerichte und die Anzahl der Personen am Tisch sollte am besten eine gerade Zahl sein – normalerweise **12**. Auf keinen Fall sollte man **7** Gerichte bestellen, da dies nur bei einer Beerdigung getan wird, außerdem mögen die Chinesen keine ungeraden Zahlen.

Chinesisch zählen

1 yī
2 èr
3 sān
4 sì
5 wǔ
6 liù
7 qī
8 bā
9 jiǔ
10 shí

yī

一

èr

二

liù

六

qī

七

sān   **sì**   **wǔ**

三   四   五

  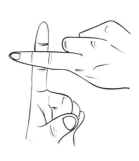

bā   **jiǔ**   **shí**

八   九   十

Die Chinesen lieben es, Wortspiele mit Zahlen zu machen. Aus einer Telefonnummer kann so ein ganzer Satz entstehen. Zum Beispiel **1368999** bedeutet *das ganze Leben hat man einfaches Glück, genug und für immer*.

Jugendliche schicken sich auch SMS-Nachrichten, indem sie mit Zahlen Liebesbotschaften verschicken. Zum Beispiel heißt dann **520** *Ich liebe Dich*.

52. Bedeutung von Zahlen

Deutsche haben kein sehr enges Verhältnis zu Zahlen. Außer zu folgenden:

Die **13** soll angeblich Unglück bringen und wird daher manchmal noch gemieden. Die 13 ist arm dran. Ob die 13. Sitzreihe im Flugzeug, der 13. Gast beim Dinner, das 13. Stockwerk in einem Hochhaus oder die 13 als Hausnummer: Nichts als Unheil verbindet man mit dieser Zahl. Freitag, der 13. ist für einige ein riskanter Tag, der jedoch im Geschäftsleben meistens mit einem Augenzwinkern abgetan wird.

Deutsche bewahren wie viele andere Nationen Geschichten, Symbole und Zahlen. Die **3** ist im Christentum eine magische Zahl: Zum Beispiel symbolisieren die heiligen 3 Könige 3 Geschenke, 3 Altersstufen, 3 Reittiere und 3 Kontinente.

Außerdem hat der Deutsche eine Redensart zur 3: „Aller Guten Dinge sind drei." Das Sprichwort nimmt Bezug auf die Bedeutung der Zahl 3 im germanischen/mittelalterlichen Rechtswesen. Dreimal im Jahr wurde Gericht gehalten. Und mit 3 Fingern wird auf die Verfassung geschworen.

4-blättrige Kleeblätter kommen in der Natur nur selten vor. Wer viel Glück hat, findet eins. Manche legen den Talisman in ein Buch oder nehmen ihn mit auf Reisen – so sind sie vor Bösem geschützt. Im Gegensatz zu Chinesen feiern Deutsche in manchen Regionen (zum Beispiel in Baden-Württemberg) ihren 40. Geburtstag ganz groß. Denn nun sind sie endlich *gescheit!*

Man mag darüber schmunzeln, doch auch die deutsche Kultur ist vom *Aberglauben* geprägt. Läuft einem eine schwarze Katze über den Weg, naht ein Unglück. Vor der Hochzeit wird Polterabend gefeiert und im Freien altes Geschirr zerdeppert, weil Scherben Glück bringen. Manche nageln ein Glücks-Hufeisen an die Haustür und berühren jeden Schornsteinfeger, den sie zu Gesicht bekommen. Bei Wettbewerben im Mittelalter bekam der Letzte als Trostpreis ein Schwein. Er hatte also noch mal *Schwein gehabt* – eine immer noch beliebte Redensart in Deutschland.

Zu Silvester gibt es das *geballte Glück* zu kaufen: ein Marzipanschwein mit einem Schornsteinfeger als Reiter und einem vierblättrigen Kleeblatt im Maul.

Aufgepasst: In der Adventszeit werden Mistelzweige in Türrahmen gehängt. Küssen sich zwei Liebende darunter, steht eine baldige Hochzeit an. Von alters her werden der Mistel Heilkräfte nachgesagt.

Erstaunlich viele Manager lassen sich ein Horoskop erstellen, auch wenn sie ansonsten knochentrockene Rationalisten sind. Schaden kann es ja nichts!

53. Bedeutung von Farben

Genauso wie Zahlen haben auch Farben eine wichtige symbolische Bedeutung in China.

Rot ist die beliebteste Farbe in China und bedeutet Freude, Wohlstand und Glück. Bei der Hochzeit trägt die Braut ein rotes Kleid mit Gold, zum Neujahrsfest werden rote Umschläge mit Geld verteilt und das Haus ist festlich rot geschmückt. Auch für die kommunistische Regierung und für die chinesische Flagge wurde die Glücksfarbe Rot gewählt.

Achtung: Schreiben oder unterschreiben Sie nicht mit roter Tinte, dies bedeutet dann das Ende der Beziehung, weil früher der Name der Verstorbenen in Rot geschrieben wurde.

Gelb ist eine vornehme Farbe und war früher nur dem chinesischen Kaiser vorbehalten.

Vorsicht: Ein grüner Hut für einen Mann bedeutet, dass seine Frau Ehebruch begangen hat.

Grün symbolisiert Frühling, Leben, Gesundheit, Harmonie und Jugend.

Weiß ist eine Trauerfarbe und es ist ratsam, diese Farbe zu meiden. Geschenke in weißes Papier einzupacken oder weiße Blumen zu verschenken, erinnert an Beerdigungen.

Als Kleidungsfarbe im Geschäftsleben sind schwarze und dunkelblaue Anzüge, Kleider und Kostüme elegant und seriös.

Der grüne Hut: Mr. Tao Zhang aus der VR China war erschüttert, um es gelinde auszudrücken. Er hatte seinen Geschäftsfreund Mario Huber aus München zu einem Essen anlässlich des dreitägigen Herbstfestes eingeladen. Die Feuerdrachen tanzten wild durch die Straßen, als Herr Huber im Restaurant einen grünen (Tiroler) Hut überreichte. Mr. Tao Zhang hatte doch bei seinem Besuch

in Deutschland letztes Jahr die Trachtengruppen so sehr bewundert! Da der Hut in Klarsichtfolie eingeschlagen war, gab es kein Entrinnen – alle anderen chinesischen Gäste sahen dieses traditionelle Zeichen für den betrogenen Ehemann! Der allerseits hoch geachtete Tao Zhang verlor urplötzlich an Gesicht!
Wie hat er diese überaus unangenehme Situation verkraftet? Als äußerst harmoniebedürftiger Mensch nahm er die Schuld auf sich: Er habe Mr. Huber ein falsches Bild von sich vermittelt.

53. Bedeutung von Farben

Allgemein kann man sagen, dass die Farbsymbolik in Deutschland nicht so wichtig ist wie in China. Bei der Identifizierung politischer Gruppen spielt sie eine gewisse Rolle. Anhänger verschiedener politischer Parteien werden als die **Roten** (SPD), die **Schwarzen** (CDU/CSU), die **Grünen**, die **Gelben** (FDP) bezeichnet. Man spricht vom rot-grünen Bündnis oder der Ampelkoalition (wenn Rote, Gelbe und Grüne eine Koalition bilden).

Tipp: Wer als Mann auf Nummer sicher gehen möchte, schenkt seiner Geschäftspartnerin oder der Frau seines Chefs **keine roten Rosen** – sie gelten als Liebeserklärung! Besonders ältere Personen bringen weiße Blumen mit dem Tod in Verbindung, denn lange Zeit galten weiße Blumen als typische Friedhofsblumen. Sie zeigen jedoch wiederum Eleganz (zum Beispiel bei Hochzeiten) und lassen sich sehr gut mit anderen Farben kombinieren. → *Geschenke*

Als Kompetenzfarben bei der Kleidung im Geschäftsleben gelten *Dunkelblau*, *dunkles Grau* und *Schwarz*. *Dunkel- bis Marineblau* steht für Zuverlässigkeit und Seriosität; *Grau* wirkt neutral, sachlich und ausgleichend; *Schwarz* kommt distanziert, machtvoll und emotionslos daher – es wirkt oft overdressed. *Rot* bedeutet Aktivität, auch Herausforderung; *Braun* empfinden viele im Geschäftsleben als kraftlos, weil es Wärme und Entspannung signalisiert.

Hauptsächlich bei Kirchen und Religionsgemeinschaften spielt die Symbolkraft der Farben und ihre Wirkungen auf die Menschen eine entscheidende Rolle – bei manchen mehr, bei anderen bewusst weniger. Im katholischen Bereich symbolisiert *Violett* die Rangfarbe der Bischöfe. Zur Buß- und Fastenzeit sowie vor Ostern und Weihnachten dominiert diese Farbe in beiden Kirchen. → *Religion*

54. Geschenke

Da Geschenke ein wichtiger Bestandteil der chinesischen Kultur sind, sollten sie einen gewissen Wert haben und die Wichtigkeit der Geschäfte unterstützen.

Es werden kleine Geschenke von Schülern an Lehrer oder von Studenten an Professoren am Ende des Schuljahres oder Studiums (wie in Deutschland) gemacht, aber nicht direkt vor Prüfungen. Geldgeschenke kommen selten vor, wegen des Antikorruptionsgesetzes. Geldgeschenke gibt es nur an Chinesisch Neujahr, Hochzeiten und Beerdigungen. Vorgesetzte werden beschenkt. Besonders freuen sie sich über moderne technische Produkte (I-Phone, I-Pad) oder Souvenirs aus dem Ausland. Es sollte aber immer ein Grund dafür vorhanden sein, zum Beispiel Reisen ins Ausland oder chinesische Feiertage. Im Geschäftsleben sind kleine Geschenke unentbehrlich. Größere und teure Geschenke sind sehr sensibel zu handhaben und erfordern viel Vertrauen, Diplomatie und indirekte Vorgehensweise.

Geeignete Geschenke sind Dekorationsstücke und Schreibutensilien mit Firmenaufdruck, hochwertige Pralinen, lokale Spezialitäten, Tee, Wein und Spirituosen. Als ungeeignet gelten Wecker, Standuhren, Wanduhren (Symbolik für ein kurzes Leben und Beendung der Beziehung, die letzte Stunde hat geschlagen), Schirme, Messer, scharfe Artikel (sie könnten symbolisch die Freundschaft und Beziehung zerschneiden), Blumen und weiße Objekte (Symbolik für Trauer).

Geschenke sollten schön, aufwendig und hochwertig verpackt werden (Rot und Gold) und mit beiden Händen dem Ehrengast überreicht werden. Manchmal lehnt dieser das Geschenk dann aus Höflichkeit ab. Es ist höflich, sich zu zieren und nicht sofort etwas anzunehmen. Bitte nicht wieder mitnehmen, sondern das Geschenk zwei- bis dreimal anbieten. Erhält der deutsche Geschäftspartner ein Präsent, sollte er es natürlich auch erst im Hotel oder zu Hause auspacken. Gierig will man ja nicht erscheinen! → *Bedeutung von Farben*

54. Geschenke

Jedes Geschenk macht Freude. Von wegen! Bei Aufmerksamkeiten für Geschäftspartner ist es wichtig, auf den Wert zu achten. Das Präsent sollte beim Beschenkten kein schlechtes Gewissen erzeugen. Darüber hinaus sind folgende Fragen wichtig: Gibt es im eigenen (und im beschenkten) Unternehmen Regeln zur Gewährung und Annahme von Geschenken? Gibt es einen Ansprechpartner zum Thema Geschenke beziehungsweise Compliance? Kann der Beschenkte das Präsent öffentlich machen, ohne einen bestechlichen Eindruck zu vermitteln? → *Korruption*

Billiggeschenke (Werbegeschenke!), deren Wert sofort erkennbar ist, sind ebenfalls nicht angebracht. Sie würden lediglich nackten Geiz beweisen.

Welche Geschenke empfinden Deutsche als peinlich? Körperpflegeserien und Kleidung, die nah am Körper getragen wird, stehen auf dem Index. Zu viel Intimität ist tabu! Und wer nicht wirklich *sehr* geschickt im Herstellen von *Selbstgemachtem* ist, sollte lieber die kreativen Ideen seinen Kindern überlassen.

In Deutschland ist es höflich, ein Präsent gleich auszupacken. Damit wird die Gabe unverzüglich gewürdigt, man erfreut sich daran und dankt. Bei großen Festlichkeiten kann es absolut sinnvoll sein, Geschenke erst später zu öffnen, um die *Dramaturgie* der Veranstaltung nicht durcheinander zu bringen. Wer schon einmal das Geschenkpapier eines vollkommen unpassenden Präsents unter den Augen aller Beteiligten abgestreift hat, wird sich und anderen diese Peinlichkeiten in Zukunft ersparen wollen!

Unüblich ist es, dass einzelne Mitarbeiter ihrem Chef persönliche Geschenke machen. Dies könnte als Beeinflussungsversuch missverstanden werden. Führungskräfte hingegen haben die Freiheit, ihre Mitarbeiter (meist zum Geburtstag oder zu Weihnachten) mit einer Kleinigkeit zu überraschen – so wird Leistung belohnt und Wertschätzung gezeigt.

Bei Einladungen in ein Privathaus ist es üblich, eine kleine Gabe mitzubringen. Der Deutsche kommt nicht gerne mit leeren Händen. Blumen als Aufmerksamkeit für die Frau des Hauses sind nie verkehrt, eventuell auch edle Confiserie, eine Flasche Champagner und alles, was für den speziellen Gastgeber eine Freude ist. Das Papier, in welches Blumen beim Kauf eingeschlagen werden, entfernt man vor dem Überreichen, damit die ganze Schönheit der Blumen gleich zu sehen ist.

Bei Geschenken, die in ein Restaurant mitgenommen werden, sollte sich der Schenkende immer fragen: Kann der Beschenkte das Präsent auch bequem abtransportieren? Im Zweifel kündigt man sein (voluminöses) Geschenk nur an und lässt es an die Firmen- oder Privatadresse schicken.

Zu deutschen Feiertagen – wie Weihnachten und Ostern – beschenken sich Familienmitglieder. Es wird von Außenstehenden im Grunde kein Geschenk erwartet. Ausnahmen siehe weiter oben.
→ *Bedeutung von Farben* → *Feste*

Übrigens: Schenken Sie einem Kranken frische Blumen besser zu Beginn eines Krankenhaus-Aufenthalts – und nicht zum Ende hin. Manch einem Patienten mag es schwerfallen, einen schönen Blumenstrauß zurückzulassen, wenn er das Krankenhaus verlässt. Der Aberglaube besagt jedoch: Nimmt jemand beim Verlassen des Krankenhauses Blumen mit, kommt er dahin zurück. Dass Topfblumen im Krankenhaus verboten sind, hat keine mystischen, sondern hygienische Gründe. Die Keime in der Blumenerde stellen ein Infektionsrisiko dar.

55. Religion

Es gibt keine offizielle Staatsreligion oder einzelne Glaubensrichtungen. Chinesen verbinden meistens mehrere Anschauungen miteinander.

Die wichtigsten Religionen sind der Buddhismus und der Daoismus (auch Taoismus genannt). Daneben gibt es eine geringe Anzahl von Christen und Muslimen. Der Konfuzianismus ist keine Religion, sondern eher eine Weltanschauung, in der traditionelle, moralische Grundwerte gelehrt werden.

Viele Chinesen nehmen die Ahnenverehrung sehr ernst und haben meistens einen Ahnenschrein zu Hause.

Meister Konfuzius: Der Philosoph *Kŏng Fūzĭ* 孔夫子 lebte vermutlich 551 – 479 v. Chr. Er lehrte die Menschen, edel und moralisch einwandfrei zu sein, indem sie Riten und Sitten befolgten. Sein oberstes Ziel war, Ordnung und Harmonie in der Gesellschaft zu wahren. Eine strenge hierarchische Ordnung ist einzuhalten, um Harmonie in der Familie, im Land und auf der ganzen Welt zu schaffen. Die Familie wird als zentrales Bindeglied zur Gesellschaft gesehen, dabei sind Respekt und Achtung vor den Eltern absolut wichtig. Auch die Ahnen werden verehrt.

Zitat: Der Edle strebt nach Harmonie, nicht nach Gleichheit. Der

Gemeine strebt nach Gleichheit, nicht nach Harmonie.

Die vier Grundbegriffe des Konfuzianismus sind Mitmenschlichkeit, Gerechtigkeit, Kindliche Pietät und Riten. Man sollte sein ganzes Leben lang danach streben, diese vier Tugenden zu verwirklichen.

Zitat: Das Lernen ist wie ein Meer ohne Ufer.

Bildung ist der einzige Weg, um diese Weltanschauung zu verstehen und zu leben. Nur Bildung formt den edlen Menschen. Die wichtigsten Werke dazu sind die fünf Klassiker des Konfuzianismus: Buch der Wandlung, Buch der Lieder, Buch der Urkunden, Buch der Riten und die Frühlings- und Herbstannalen.

Zitat: Lernen, ohne zu denken, ist eitel. Denken, ohne zu lernen, ist gefährlich.

55. Religion

Die Gesamtzahl der Christen in Deutschland beträgt ca. 62 %. Je zur Hälfte Katholiken und Protestanten. Die orthodoxe Kirche ist mit ca. 1,3 Millionen Gläubigen die drittgrößte christliche Konfession in Deutschland. Etwa 35 % der Menschen sind konfessionslos.

Übrigens: 24 % der Deutschen glauben an die Wiedergeburt, 52 %, dass es Wunder gibt, und 38 % glauben an Engel (*Religionsmonitor 2013*).

Tiere werden in der Bibel häufig symbolisch verstanden, das heißt ihnen werden bestimmte Eigenschaften zugeschrieben, die auch beim Menschen zu finden sind: Der Fuchs gilt als verschlagen und schlau, das Lamm als Symbol der Wehrlosigkeit, der Esel ist das Symboltier des Friedens, die Turteltaube gilt als sanft und arglos und die Schlange wird mit Klugheit und Heuchelei gleichgesetzt.

56. Feste

In den *Goldenen Wochen* liegen wichtige Feiertage. An denen reisen und shoppen Chinesen gerne. Der Tag der Arbeit findet am 1. Mai statt und der Gründungstag der Volksrepublik China am 1. Oktober. Vermeiden Sie es, an diesen Tagen nach China zu reisen.

Das wichtigste und größte Familienfest für alle Chinesen ist das chinesische Neujahrsfest. Es wird auch das Mond-Neujahrsfest oder Frühlingsfest genannt und findet immer am zweiten Neumond (Ende Januar/Anfang Februar) nach der Wintersonnenwende statt.

Schon Wochen vor dem Fest beginnen die Vorbereitungen. Es wird ein großer Frühjahrsputz abgehalten, Wände werden eventuell neu gestrichen, neue Kleider eingekauft und der Friseur besucht. Das ganze Haus wird festlich mit vielen roten Glückszeichen, Spruchbändern und Laternen dekoriert. Am letzten Tag des Jahres findet dann ein Feuerwerk statt und es wird die ganze Nacht Mah-Jongg gespielt.

An Neujahr verteilen dann die Erwachsenen der Familie rote Umschläge mit Geld an die Kinder, eventuell gibt es auch für die Mitarbeiter und Bedienstete vom *Chef* diese Geldgeschenke, um sich Glück und Wohlstand zu wünschen. Diese roten Umschläge werden *hóng bāo* genannt und dienen oft auch als 13. Monatsgehalt.

Mah-Jongg: Mah-Jongg ist ein altes chinesisches Glücksspiel für vier Personen. Es hat 136 oder 144 Spielsteine, die Ziegel genannt werden. Die Ziegel haben 3 Grundfarben (blau, rot und grün) und werden in Kategorien wie Bambus, Zahlen und Münzen eingeteilt. Dann gibt es noch die vier Himmelsrichtungen und die drei Drachenziegel, die die Trumpffarbe darstellen. Spielsets mit 144 Ziegeln haben zusätzlich noch die 4 Blumen und 4 Jahreszeitensteine. Steine werden lautstark gemischt und als eine viereckige geschlossene Mauer aufgebaut. Jeder Spieler nimmt sich 34 (oder 36) Steine und spielt gegen den Uhrzeigersinn, indem man Steine zieht und wieder abwirft. Ziel ist es, wertvolle Figuren aus Steinpaaren (2 – 4 Steine) zu bilden. Figuren haben eine bestimmte Anzahl von Punkten. Der Wert der Punkte wird nach jeder Runde abgerechnet. Chinesen spielen um Geld und können sich oft tage- oder nächtelang daran erfreuen oder ärgern. Die Spiele sind immer sehr lautstark, man lacht ruft, schimpft und knallt die Steine heftig auf den Tisch.

Heutzutage gibt es Mah-Jongg als Online-Computerspiel. Es finden auch internationale Turniere statt. In China ist Mah-Jongg eine offizielle Sportart.

Das bringt Ihnen am ersten Tag des neuen Jahres Glück:

- Öffnen Sie Fenster und Türen, um das Glück hereinzulassen.
- Lassen Sie Lichter an, damit das Glück den Weg findet.
- Essen Sie viel und gut, besonders Süßes, um sich das neue Jahr zu versüßen.
- Waschen Sie an diesem Tag die Haare nicht oder lassen Sie sie nicht schneiden, kehren Sie den Boden nicht und waschen Sie auch keine Wäsche, damit Sie das Glück und den Wohlstand für das neue Jahr nicht *wegwaschen* oder *wegkehren*.
- Alles, was Sie am ersten Tag des neuen Jahres unternehmen, steht symbolisch für das kommende Jahr. Also genießen Sie den ersten Tag des neuen Jahres im Kreis von Familie und Freunden in vollen Zügen!

Auswirkungen für Ihre Geschäfte mit Chinesen:

- Schicken Sie Glückwünsche an Ihre chinesischen Geschäftspartner und bedanken sich für das erfolgreiche vergangene Jahr. Geschenke wie hochwertige Confiserie, um das neue Jahr zu versüßen, sind immer gerne gesehen. Obstkörbe und Geschenkkartons mit Wein kommen auch gut an.

> **Wichtig:** Wünschen Sie Ihrem chinesischen Geschäftspartner viel Glück und Wohlstand:
> 恭喜发财 *Gōng xǐ fā cái!*

- Die einzige Zeit, an der chinesische Unternehmen schließen oder ihre Produktion einstellen, ist während der Festtage an Chinesisch Neujahr. Da die Mitarbeiter zum Jahresende einen Bonus erhalten, Familienurlaub machen und sich zum neuen Jahr oft auch auf die Suche nach einer neuen Arbeit begeben, kann es zu Produktionsengpässen kommen. Deshalb sollten wichtige Lieferungen unbedingt rechtzeitig **vor** dem chinesischen Neujahrstag abgesandt werden.

56. Feste

„Erst die Arbeit, dann das Vergnügen."
(Deutsches Sprichwort.)

Generell kann man die deutschen Bräuche in drei Kategorien einteilen. Da gibt es die religiösen, vom Christentum geprägten Sitten. Diese haben oftmals ihre Wurzeln in germanischen Riten. Die beiden großen Familienfeste *Ostern* (jeweils am ersten Sonntag nach dem Frühlingsvollmond) und *Weihnachten* (24. abends, 25. + 26. Dezember) werden zum Teil aufwendig zelebriert. An diesen Feiertagen wird in vielen Berufen nicht gearbeitet, Geschäfte, Schulen und Universitäten haben geschlossen. Die meisten Firmen nutzen die Vorweihnachtstage, um mit Teambuilding-Events oder Feiern das Betriebsklima aufzubessern.

Fester Bestandteil im Kalenderjahr sind soziale und kulturelle Bräuche.

Übrigens: Ostern ist ein Fest für alle Generationen und der höchste christliche Feiertag dazu – zum Gedenken an die Auferstehung Jesu Christi. Hase und Ei spielen hierbei eine große Rolle. Der Hase mit seiner sprichwörtlichen Fruchtbarkeit machte ihn zum Spezialisten fürs Eier-Verstecken im Gras und Gebüsch. Da die Kirche früher streng verboten hat, in der Fastenzeit Eier oder Eierspeisen zu verzehren, gab es davon mehr als genug. Sie wurden gekocht und konserviert. Bis Ostern hatten sich so viele angesammelt, dass man sie freizügig verschenkte. Schon gut 300 Jahre n. Chr. wurde Kindern das Märchen vom Osterhasen als pädagogisch sinnvoll erzählt!

- *Karneval/Fasching/Fastnacht* mit den legendären Straßenumzügen. Beginn der Faschingszeit ist pünktlich jedes Jahr am 11. November genau um 11:11 Uhr! Aber so richtig wird erst ab dem Donnerstag vor Rosenmontag gefeiert. Traditionell soll mit den lauten Straßenumzügen der Winter vertrieben werden oder man lässt es nochmals richtig *krachen,* bevor die christliche Fastenzeit beginnt, die ab *Aschermittwoch* 40 Tage dauert und von vielen Deutschen zum Anlass genommen wird, etwas weniger zu konsumieren: Alkohol, Süßigkeiten, Internet, Fernsehen …

- *Silvester/Neujahr:* vom 31. Dezember auf den 1. Januar wird das neue Jahr überall mit Feuerwerken begrüßt.

- *Das Maifest:* der 1. Mai ist ein Feiertag der Arbeiterbewegung.

Strategien für die tollen Tage: Wer zur Karnevals-Zeit in den Hochburgen Mainz, Köln oder Düsseldorf zu tun hat, wird bestimmt nicht vom Faschings-Rummel verschont.

Hier einige Tipps:
Am Donnerstag vor Rosenmontag (Weiberfastnacht) ist es Brauch, dass Frauen den Männern die Krawatten abschneiden. Wer sich's gefallen lässt, wird mit einem Kuss belohnt. Viele alte Krawatten im Handgepäck = viele *Bützje!* Wer einen Horror davor hat, läuft den ganzen Tag mit einem selbst abgeschnittenen, alten Binder herum oder mit einer Fliege, diesem absoluten Spaßkiller!

In Düsseldorf wird „Alt" (Bier) verkauft und „Helau" gerufen. In Köln rinnt nur „Kölsch" (Bier) die Kehle runter, bevor „Alaaf" gerufen wird. Der Ausländer darf das verwechseln – der Deutsche nicht!

In den Städten ist es dann laut, auch tief in der Nacht. Darum sollten Gäste, die ausgeschlafen in Verhandlungen sein möchten, ein Hotel im Umland buchen, das gut mit öffentlichen Verkehrsmitteln zu erreichen ist, denn niemand kann sich an diesen tollen Tagen auf (bestellte) Taxis verlassen. Wer in den Genuss von Straßenumzügen kommt, sollte mitschunkeln und tanzen – das ist besser gegen die Kälte als Schnaps.
→ *Gästebetreuung*

• Einige Feiertage sind nicht einheitlich in Deutschland. Der Süden Deutschlands ist stärker durch lebendiges Brauchtum geprägt als der Norden.

Bräuche und Feste, die an kein bestimmtes Datum gebunden sind, bilden den Schluss: zum Beispiel Hochzeitsriten oder Volksfeste wie das bekannte Münchner Oktoberfest. Zudem organisieren rund 550.000 eingetragene Vereine übers Jahr verteilt mehr oder weniger große Zusammenkünfte mit Bespaßung. → *Trinksitten* → *Geschenke*

Übrigens: Seit 1928 feiert die Stadt Dietfurt bei Regensburg Chinesenfasching! Einen Nachweis darauf, wie lange sich die Stadt nun schon Bayerisch China nennt, bietet der Kalender für katholische Christen auf das Schaltjahr 1860, in dem das Dietfurter Gebiet das Chinesen-Viertel genannt wird. Auch im Sommer gibt es einen bayerisch-chinesischen Kulturaustausch mit Künstlern aus Nanjing, *www.dietfurt.de/bayrisch-china*

Es war einmal ... Das Münchner Oktoberfest ist über 200 Jahre alt und hat seinen Ursprung König Ludwig I. zu verdanken. Am 12. Oktober 1810 feierte der damalige Kronprinz seine Vermählung mit Prinzessin Therese von Sachsen-Hildburghausen. Die Feierlichkeiten dauerten mehrere Tage und wurden groß inszeniert. Ganz München war auf den Beinen und hatte Spaß an vielen Volksbelustigungen.

Warum heißt das Oktoberfest nicht Septemberfest – findet es doch schon sehr lange in diesem Monat statt? Ganz einfach: weil das Wetter in diesem Monat besser ist. Das letzte Oktoberfest-Wochenende liegt aber immer noch im Oktober.

Übrigens: Die meisten Lederhosen, die in den letzten Jahren auf dem Oktoberfest getragen wurden, stammen nicht von der Haut einer bayerischen Kuh. Sie wurden in China geschneidert! Die Bayern sitzen also auf chinesischem Leder!

VI. Geschäftsessen

„Dem Volk ist das Essen der Himmel."
(Chinesisches Sprichwort)

57. Essenszeiten

Wie in Deutschland gibt es in China drei Mahlzeiten. Die Chinesen essen jedoch gerne jede Mahlzeit warm. Das Essen nimmt eine sehr wichtige Stellung ein. Man geht oft in Restaurants und unterhält sich dabei lautstark.

In China isst man meistens früher als in Deutschland. Das Frühstück fängt schon vor 7 Uhr an, dabei gibt es je nach Region entweder Nudeln, Reissuppe, Fladenbrote oder gefüllte Teigtaschen. Um 11:30 Uhr, spätestens um 12 Uhr isst man zu Mittag und bereits ab 17 Uhr, spätestens um 18 Uhr gibt es Abendessen.

57. Essenszeiten

Traditionell geht man in Deutschland zwischen 11:30 Uhr und 13:30 Uhr zum Mittagessen, zum Abendessen zwischen 18:00 Uhr und 20:00 Uhr, wobei das abendliche gemeinsame Geschäftsessen meistens edler und aufwendiger gestaltet wird. Beim Lunch (oder Arbeitsessen) sind die Speisen eher nebensächlich, weil nebenbei gearbeitet werden kann, das Essen am Abend dient der Kontaktvertiefung. Vor lauter Verhandlungseifer kann es schon mal passieren, dass die Mittagszeit ignoriert wird, vor allem, wenn der Abschluss schon zum Greifen nahe ist. Dann werden einige belegte Brötchen *auf die Schnelle* serviert.

58. Einladung

Einkaufen und Essen sind die beliebtesten chinesischen Hobbys. Es wird jede Gelegenheit wahrgenommen, um ausgiebig zu speisen. Auch auf einer Geschäftsreise werden Gäste immer zu einem oder mehreren Geschäftsessen/ Banketten eingeladen. Bankette sind aufwendige Geschäftsessen, die zu einem festlichen Anlass abgehalten werden. Diese spielen auch eine wichtige Rolle, um Beziehungen aufzubauen und Gastfreundschaft zu zeigen. Die aufwendigen und kostspieligen Gerichte werden auch eingesetzt, um dem Gast Respekt und Gesicht zu geben.

Eine Einladung zum Geschäftsessen darf der Gast erst mal höflich zurückweisen, um nicht gierig zu erscheinen. Beim zweiten oder dritten Angebot darf der Eingeladene dann respektvoll zusagen.

Tipp: Falls Sie Vegetarier sind oder eine Allergie haben, informieren Sie bitte Ihren Gastgeber, da dieser das Menü schon im Voraus auswählt und Ihnen natürlich entgegenkommen möchte.

58. Einladung

Eine Einladung zum Essen wird in Deutschland meistens eindeutig ausgesprochen. *Ziert* sich der Gast, respektiert dies der Gastgeber in den meisten Fällen und insistiert nicht. Ist auf einer schriftlichen Einladung der Beginn einer offiziellen Feier oder eines Banketts mit dem Zusatz s. t. (*sine tempore*) versehen, bedeutet dies, dass pünktlich begonnen wird. Lautet der Zusatz c. t. (cum tempore), dann hat man etwa 15 Minuten Spielraum. Bei großen Veranstaltungen ohne *gesetzte Essen* darf man sich bis zu 30 Minuten verspäten.

Einladungen lehnt man prinzipiell nur mit sehr guten Begründungen ab (zum Beispiel wegen Krankheit oder aufgrund von wichtigen Familien-Angelegenheiten), alles andere ist unhöflich.

Gäste der gleichen hohen Hierarchie-Ebene sollten immer abgeholt werden – und das ausschließlich in einem Wagen, der sich in einem Topzustand befindet. Ansonsten werden Fahrdienste organisiert.

Vielleicht denkt ja der deutsche Gastgeber daran, dass seine chinesischen Gäste die Sonne meiden. Eine Einladung in ein Restaurant mit Außenterrasse wäre die falsche Wahl.

Bei einem privaten Restaurantbesuch wartet man in der bürgerlichen Gastronomie vergeblich darauf, dass einem ein Platz zugewiesen wird. Wer einen freien Tisch zuerst entdeckt, der beansprucht ihn auch. Sehr pragmatisch verhält sich der Deutsche, wenn das Restaurant voll ist, an einigen Tischen allerdings noch einige Sitzplätze frei sind: Dann fragt er nett, ob er sich dazusetzen darf.

Der Gast sollte schon bei der Annahme einer Einladung auf eine mögliche Allergie aufmerksam machen. Er teilt mit, dass er aus *gesundheitlichen* oder aus *Glaubens- und Gewissensgründen* bestimmte Speisen nicht essen kann. Hat der

Gast dies versäumt und würde eine Änderung des Menüs die gesamte Dramaturgie durcheinanderbringen, nimmt er einfach mehr von den Beilagen oder trennt die Speisen auf seinem Teller, falls das leicht geht. Niemand muss in Deutschland ungeliebte Speisen hinunterwürgen! → *Reihenfolge der Speisen* → *Bedeutung der Speisen* → *Bezahlen*

59. Gastfreundschaft

„In der Familie sei sparsam, doch Gästen gib reichlich."
(Chinesisches Sprichwort)

Gastfreundschaft ist oberstes Gebot in China. Gäste werden bei der Ankunft bis zu ihrer Abreise immer bestens betreut. Sie werden vom Flugplatz oder vom Hotel abgeholt und auch wieder zurückgebracht. Alle Aktivitäten wie Besprechungen, Geschäftsessen und Ausflüge werden bis ins Detail organisiert und der Kunde wird überallhin begleitet, sodass er sich um wirklich nichts zu kümmern braucht. Allerdings hat er dann auch kaum eine Minute für sich alleine. Damit wird dem Ehrengast gegenüber sehr viel Achtung, Gesicht und Respekt erbracht.

Falls Sie selbst in Deutschland chinesische Gäste empfangen, sollten Sie ihnen genauso viel Gastfreundschaft entgegenbringen. Holen Sie Ihre Gäste persönlich vom Flughafen ab!

59. Gastfreundschaft

Eigentlich stammt die deutsche Gastfreundschaft aus einem Kulturraum, in dem das Christentum entstanden ist – und somit war sie ein hohes Gut. Es scheint jedoch, dass es Deutschen eher schwer fällt, ihre Türen für Gäste zu öffnen. Falls sie es jedoch tun, werden sie nach ihren eigenen Mitteln bewirten. Wer selbst eher bescheiden lebt, muss als Gastgeber nicht das Beste auffahren, um den Schein zu wahren.

„Drei Tage ein Gast, vier Tage eine Last."
(Deutsches Sprichwort)

Deutsche bitten Gäste aus fremden Ländern nicht so leicht in ihre privaten Wohnungen. Und falls doch, kann der Gast zweierlei erleben: Entweder Hausfrauen, die körperlich und mit den Nerven völlig fertig sind, weil sie ihre Behausung von oben bis unten geschrubbt, leckere Dinge gekocht und alles bis ins Kleinste vorbereitet haben. Diese Gastgeber bemühen sich dann auch rührend um ihren Besuch.

Es kann aber auch sein, dass der Gast genau das Gegenteil von gewohnter, wohltuender Gastfreundschaft erlebt. Nämlich eine neudeutsche Form, die wohl auf der Idee basiert, den Gast als temporäres Familienmitglied zu betrachten. „Fühl dich ganz wie zuhause." Dann heißt es: „Schenk dir bitte selbst noch eine Tasse Tee ein, falls du möchtest. Bedien dich einfach beim Gebäck, wenn dir danach ist." Solch eine Familie ist dann auch bestimmt nicht überfordert, wenn statt der angekündigten zwei Gäste einfach vier erscheinen. Ansonsten sollte nicht zu sehr auf die Flexibilität deutscher Gastgeber gesetzt werden!

„Wirst du irgendwo gut aufgenommen,
musst du nicht gleich wiederkommen."
(Deutsches Sprichwort)

Vielfach trifft der (ausländische) Gast aber auch auf eine Unternehmenskultur, in der man weiß, wie wichtig gemeinsame Mahlzeiten sind, um Gemeinschaften zu festigen, Vertrauen aufzubauen und Feindschaften zu begraben. Er wird überrascht sein von einem eigenen Bewirtungsstil und von den kleinen Spezialitäten der jeweiligen Region.

Allerdings ist es unüblich, den chinesischen Geschäftspartner, wie er es gewohnt ist, vor dem Unternehmensgebäude zu begrüßen – in der Lobby wird sich jedoch meistens ein kleines Empfangskomitee einfinden.

Nach Dienstschluss erfahren Ausländer zwar noch oft (aber nicht überall), was es heißt, in Deutschland Firmengast zu sein: Für sie wird keine besondere Betreuung angeboten, sie erhalten keine Information über die Kleiderordnung für das gemeinsame Abendessen. An der erwarteten Rundumbetreuung mangelt es. So penibel auch Meetings vorbereitet werden, auf diesem Gebiet scheint der Deutsche *learning by doing* zu bevorzugen!

Ohne Kommentar: Die Referentin aus Macau erreichte Berlin am Mittag. Sie sollte am nächsten Tag ein interkulturelles Seminar für einen deutschen Konzern halten. Suchend sah sich nach einem Firmen-Mitarbeiter um, der sie in ihr Hotel fahren würde. Niemand da. Vollkommenes Unverständnis von ihrer Seite. Dann musste sie wohl

> ein Taxi nehmen.
> Am folgenden Morgen das Gleiche: Würde sie jemand vom Hotel abholen? Niemand da. An der Hotelrezeption bekam sie auf ihre Frage, wie weit es denn zum Unternehmen sei, die Antwort: „Ach, da können Sie hinlaufen. Gleich da hinten ..."

60. Sitzordnung bei Tisch

Die meisten Chinesen können ihren Status sofort anhand der Sitzordnung erkennen. Bei einer Einladung sollte auf jeden Fall zu- oder abgesagt werden (RSVP = répondez s'il vous plaît, „Bitte antworten Sie"). Dies ist für die hierarchische Sitzordnung absolut wichtig.

Die Verantwortlichen investieren vorab sehr viel Zeit, um eine perfekte Sitzordnung nach Position, Titel und Alter festzulegen. Man macht sich stundenlang mit beschrifteten Kärtchen Gedanken, bis alle den nötigen Respekt bei der Sitzordnung erhalten. Es ist sehr hilfreich, wenn der Gastgeber vor dem Bankett eine Liste der Teilnehmer mit Position und Titel ausgehändigt bekommt.

Gäste warten, bis ihnen ein Platz zugewiesen wird.

Der wichtigste Gast sitzt immer rechts vom Gastgeber mit Blick zur Tür. Der zweitwichtigste Gast sitzt links vom Gastgeber. Falls es mehrere Gastgeber gibt, was meistens der Fall ist, wird es kompliziert, da dann die Gäste rechts und links von den Gastgebern in absteigender Ordnung aufgeteilt werden. Tischkärtchen mit Namen und Titel stehen meistens auf den Tischen oder zumindest auf dem Ehrentisch.

60. Sitzordnung bei Tisch

Sind Ehrengäste anwesend, gilt in Deutschland: der wichtigste männliche Gast sitzt rechts neben der Gastgeberin, der weibliche Ehrengast rechts neben dem Gastgeber. Nach internationaler Gepflogenheit sitzt der Ehrengast – egal welchen Geschlechts – rechts neben der Gastgeberin. Herren sind für das Wohl ihrer Tischdamen zuständig.

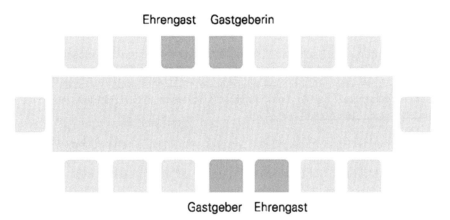

Reine Herrenessen bieten zwei Varianten für die Platzierung des höchsten Gastes. Entweder sitzt er dem Gastgeber gegenüber oder an dessen rechter Seite.

Bei der Sitzordnung wird auf eine harmonische Grundstimmung geachtet: Die Interessen der Gäste und deren gleiches gesellschaftliches Ansehen sowie die Sprachkenntnisse sind zu beachten. Dolmetscher werden rangneutral gesetzt.

Ausländer platziert man näher zu den Gastgebern als Inländer, Angehörige eines fremden Unternehmens – oder die Vertreter des umsatzstärksten Unternehmens – näher zu den Gastgebern als die Mitarbeiter der eigenen Firma.

Speist man mit nur einem Gast, setzt man sich idealerweise über Eck, so können beide Personen den Blick auch einmal schweifen lassen. Generell gilt: Der Gast soll sich wohlfühlen, daher sitzt er niemals mit dem Rücken zur (offenen) Tür oder gegen das Licht. Ein runder Tisch ist optimal.

Bei mehreren Tischen ist es Usus, die ranghöchsten Gäste am Tisch der Gastgeber zu versammeln (zentrales Verfahren). Wer die Ranghohen an verschiedenen Tischen platziert (dezentrales Verfahren), ehrt die übrigen Gäste.

Gastgeber bitten ihre Gäste, Platz zu nehmen. Zuerst nehmen die Damen Platz, dann die Gastgeberin, danach alle Herren, zum Schluss der Gastgeber. Die Gastgeberin (oder der Gastgeber, falls es keine Dame am Tisch gibt) beginnt und beendet das Essen. Wer zwischendurch den Tisch verlassen möchte, wartet, bis der jeweilige Gang abserviert ist. Stilvoll ist es, ein Essen ohne Unterbrechung zu meistern. → *Sitzordnung beim Meeting*

61. Die richtige Sitzhaltung

Die Sitzhaltung am Tisch hat sich inzwischen dem Westen angepasst. Im Restaurant und in Hotels sitzt man aufrecht am Tisch. Die Stäbchen werden zum Mund geführt und die Schüssel bleibt auf dem Tisch stehen. Wenn es wirklich schnell gehen soll, halten die Chinesen die Schüssel in den Händen und schaufeln ruckzuck den Reis in den Mund.

Im Büro hat der Boss immer noch einen größeren Tisch, einen bequemeren Stuhl und die Stuhllehne wird der Hierarchie angepasst. Während der Mittagszeit halten viele Mitarbeiter einen kurzen Mittagsschlaf, indem sie den Kopf und beide Arme auf den Schreibtisch legen.

61. Die richtige Sitzhaltung

Die Sitzhaltung bei Tisch sollte nicht allzu steif sein und auch nicht ermüden. Dazu sitzt man aufrecht mit ca. 10 cm Abstand zum Tisch. Beim Essen lehnt man sich nicht an die Rückenlehne, nur zwischen den Gängen sollte der Rücken Kontakt zu dieser haben.

Die Unterarme liegen ungefähr zu einem Drittel auf dem Tisch – in Manschetten- oder Uhrhöhe. Die Ellenbogen werden frühestens nach dem Dessert auf den Tisch gestellt, wenn überhaupt. Man hält in Deutschland seine Arme möglichst eng am Körper und der Kopf bleibt auch beim Essen oben – der Löffel geht zum Mund und nicht umgekehrt.

62. Ankunft

Auch hier spielt Respekt und Gesicht wieder eine große Rolle. Man könnte es nahezu eine Zeremonie nennen, den Gast ehrwürdig zu empfangen. Pünktlichkeit ist wichtig und man sollte in geschlossener Gesellschaft erscheinen. Meistens werden Gäste von einem Fahrer und repräsentativen Mitarbeiter abgeholt. Bei der Ankunft wartet dann schon ein Empfangskomitee sowie eine Führungskraft auf der Straße vor dem Gebäude. Der Ehrengast/Ranghöchste betritt zuerst das Restaurant. Dann wird er von den Mitarbeitern würdevoll begrüßt und im Restaurant direkt zum Tisch geleitet.

62. Ankunft

Der Gastgeber ist im Idealfall 15 Minuten vor seinen Gästen am Ort. Frauen übernehmen heute ganz selbstverständlich alle Aufgaben im Restaurant, falls sie einladen, bis hin zum Begleichen der Rechnung. Aufmerksame Gastgeber oder das Personal werden den Gästen die Mäntel abnehmen und sie zum Tisch geleiten.

Viele Menschen in Deutschland reagieren verärgert, wenn man mit ihrer Zeit allzu großzügig umgeht. Pünktlichkeit erscheint den meisten Deutschen als eine erstrebenswerte Tugend. Gutes Benehmen hat in Deutschland nämlich einen Namen: *Freiherr Adolph Knigge* (1752 – 1796). Lehrte der tapfere Aufklärer und Zeitgenosse Goethes doch in seinem 1788 erschienenen Buch „Über den Umgang mit Menschen": *Jedermann geht gern mit einem Menschen um, wenn man sich auf seine Pünktlichkeit in Wort und Tat verlassen kann.* Wer zur rechten Zeit am rechten Ort ist, signalisiert also dem anderen: „Ich nehme mir Zeit für dich, weil du mir wichtig bist."

In kleineren Runden übernimmt der Gastgeber/die Gastgeberin das Bestellen des Menüs. Idealerweise hat man sich vorab über die Vorlieben seiner Gäste schlau gemacht.

63. Beginn

„Liebe und Freundlichkeit sind die besten Gewürze zu allen Speisen."
(Konfuzius)

Viele Geschäftsessen finden in einem separaten Raum des Restaurants statt. So erhält der Gast Respekt und Gesicht. Die Tische sind meistens rund und haben Platz für 10 – 12 Personen. Der Haupttisch hebt sich von der Dekoration und Position im Restaurant prachtvoll von allen anderen ab. Zu Beginn unterhält man sich ein wenig. Dann bekommt der Kellner vom Ranghöchsten das Zeichen, mit dem Service anzufangen. Der Gastgeber signalisiert den Beginn zum Essen, indem er einen Toast ausspricht, seine Stäbchen hebt oder dem Ehrengast ein besonders gutes Stück auf den Teller oder in die Reisschale platziert. Damit ist das Bankett eröffnet.

63. Beginn

Bei offiziellen Einladungen hebt der Gastgeber oder der Ranghöchste als Erster das (Wein-)Glas, nickt allen zu und trinkt mit seinen Gästen den ersten Schluck. Wasser darf schon vor diesem Ritual getrunken werden. → *Wasser*

Gast zu sein ist in Deutschland sehr entspannend: Nicht als Erster Platz nehmen, nicht als Erster zur Serviette greifen, die Speiseempfehlungen des Gastgebers annehmen, nicht als Erster zu essen beginnen, sondern erst, wenn der Gastgeber darum bittet und es selbst tut. Die Gastgeberin/der Gastgeber nimmt die Serviette auf. Sie kommt zur Hälfte eingeschlagen auf die Oberschenkel und bleibt dort während des ganzen Essens liegen.

Dann beginnt das Essen. Das Besteck wird entsprechend der Speisefolge von außen nach innen benutzt und bleibt bei einer Essenspause offen auf dem Teller liegen, niemals legt man das benutzte Besteck einfach so wieder auf dem Tisch ab.

Stilvolle Gastgeber suchen für eine größere Tafelrunde (ab ca. 6 Personen) vorab ein gemeinsames Menü aus. Manchmal werden auch einige Gerichte aus der Speisekarte des Restaurants ausgewählt und in einer gesonderten Gästekarte ohne Preise aufgeführt. Der Gast wählt dann aus diesen Vorgaben selbst aus. Natürlich kann auch aus dem vollständigen Angebot eines Restaurants à la carte bestellt werde. Dann ermuntert der Gastgeber seine Gäste, sich zum Beispiel zwei oder mehr Gänge (hintereinander) auszusuchen, indem er ankündigt, was er zu essen gedenkt oder welche Spezialität dieses Haus bietet – so hat der Gast einen Überblick über den geplanten Preisrahmen.

Jeder an der Tafel bestellt sich sein eigenes Gericht. Es ist sehr ungewöhnlich (und unschicklich), mit der eigenen Gabel von anderen Tellern zu probieren. Wer wissen möchte, wie die Speisen der anderen am Tisch schmecken, sollte den Ober nach einem kleinen Extrateller fragen und sich etwas vom Essen auftun (lassen). Käse oder das Dessert werden in Deutschland anschließend gesondert bestellt.

64. Reihenfolge der Speisen

In China gibt es keine Speisenfolge wie in Deutschland. Es werden aber normalerweise die leichteren vor den schweren, kalte vor warmen und salzige vor süßen Speisen serviert. Nach mehreren Vorspeisen werden dann gleichzeitig die Hauptspeisen (Fisch, Gemüse, Fleisch) auf den Tisch gebracht, gefolgt von Reis, Nudeln und Suppe, zum Schluss gibt es dann frische Früchte.

Das Essen wird immer in der Mitte des Tisches, meistens auf einer drehbaren

Scheibe, *Lazy Susan,* serviert und mit allen geteilt. Die *Lazy Susan* wird stets im Uhrzeigersinn gedreht. Beim Haupttisch und größeren Tischen (mehr als 12 Gästen) werden die Gerichte individuell portioniert und serviert. Je nach kulinarischer Region gibt es verschiedene Speisen und Reihenfolgen der Gerichte, die immer sehr üppig ausfallen und oft bis zu 12 Gänge beinhalten. Pro Gast wird mindestens ein Gang serviert.

Die Anzahl der Speisen sollte immer mehr als die Anzahl der Gäste sein und am besten eine gerade Zahl oder Glückzahl symbolisieren. Es gibt acht regionale Küchen: Nordchina (Shandong und Anhui), Ostchina (Jiangsu und Zhejiang), Südchina (Guangdong und Fujian) und Westchina (Sichuan und Hunan). Jede regionale Küche hat ihre speziellen Zutaten und eigene Kochmethoden. Im Norden Chinas werden mehr Nudeln gegessen, da durch das kältere Klima der Reisanbau nicht geeignet ist. Im Süden isst man mehr Reis. Ein Sprichwort besagt: Kantonesen essen alles, was fliegt, schwimmt oder vier Beine hat, außer Flugzeuge, U-Boote und Tische.

„Der Süden (isst) süß, der Norden salzig,
der Westen scharf, der Osten sauer."
(Chinesisches Sprichwort)

Man sollte am Anfang nicht zu viel essen, sondern alles probieren und sich kleine Portionen nehmen. Es gibt immer mehr als genug: meistens mehrere Vorspeisen, dann Fisch, Huhn, Meeresfrüchte, Schweinefleisch und Gemüse zum Hauptgang. Alle Speisen werden warm serviert. Es gibt aber eine Anzahl von kalten Vorspeisen, wie zum Beispiel kaltes Hühnchen, Gurken und Eier. Diese geben einen Kontrast und Ausgleich zum übrigen Menü. Alle Sinne sollen zufriedengestellt werden. Oft wird noch eine Suppe nach dem Hauptgang serviert, dazu Reis und Nudeln für die, die nicht satt geworden sind. Den Schluss des Banketts kündigen die servierten Früchte an.

64. Reihenfolge der Speisen

Egal ob es sich um ein (festliches) Business-Dinner handelt oder um eine einfache Mahlzeit mit der Familie, die Speisen werden immer nacheinander serviert. In Deutschland wurde es zum Ende des 19. Jahrhunderts hin üblich, die einzeln aus der Küche in den Speiseraum gebrachten Gerichte als Gänge zu bezeichnen.

Fünf-Gänge-Menüs sehen zum Beispiel so aus: kalte Vorspeise, Suppe, Fisch, Fleisch, warme oder kalte Nachspeise. Das *Vier-Gänge-Menü* beginnt meistens mit Suppe *oder* kalter Vorspeise. Eine Zusammenstellung mit einem kalten Hauptgericht nennt man *Abendessen*. Um ein Menü nicht eintönig zu gestalten, müssen sich Konsistenz, Farbe und Geschmacksrichtungen abwechseln bzw. ergänzen. Ähnlich wie beim Wein lässt sich als Richtschnur sagen, dass mild gewürzte Gerichte vor kräftigeren serviert werden, alles Leichte vor Deftigerem kommt und salzig vor süß. Helle und dunkle Gerichte wechseln sich genauso ab wie Gekochtes und Gebratenes. Außerdem sollte farblich variiert werden, damit keine Langeweile aufkommt.

Übrigens: Bundesbürger finden rotes Essen am appetitlichsten. Das scheint kulturell bedingt zu sein und unterliegt wohl auch der Mode. Schwangeren Asiatinnen wird empfohlen, viele weiße Nahrungsmittel zu sich zu nehmen, damit das Kind eine schöne weiße Haut bekommt. Diese Glaubensart ist Deutschen fremd.

Fingerfood: Gerichte, die ausschließlich/größtenteils mit der Hand gegessen werden, sind im Restaurant: Miesmuscheln, Spare-Ribs, Austern, Wachteln, Wraps, Artischocken, Schalen-/Krustentiere, Canapés und Kleinigkeiten zum Apéritif. Bei einigen Gerichten entscheidet die Zubereitungsart und die Lokalität: Auf dem Volksfest oder im rustikalen Ambiente darf man die Knochen von Koteletts oder Hähnchen abnagen, beim Businesslunch gewiss nicht. Am Arbeitsplatz sollten nur neutral riechende Kleinigkeiten verspeist werden.
→ *Tischsitten* → *Buffet*

Außer bei Buffets hat sich in Deutschland der Amerikanische Service (Tellerservice) durchgesetzt: In der Küche vollständig auf dem Teller angerichtete Speisen werden so zum Gast gebracht. Zu den Gerichten werden die jeweils passenden Weine serviert, zum Abschluss des Mahls gibt es oft Kaffee und für die, die möchten, einen Digestif.

65. Bedeutung der Speisen

Fast alles hat eine Bedeutung. Die Symbolik trifft auch auf bestimmte Zutaten und Speisen zu. Viele Speisen wie Huhn und Fisch werden immer im Ganzen serviert – mit Kopf, Schwanz und Flossen, um eine Einheit zu symbolisieren. Je nach Anlass des Banketts werden die Speisen ausgesucht. Bei einer Hochzeit gibt es zum Beispiel ein ganzes Huhn (Familie) und Lotus- und Wassermelonensamen (Kinderwunsch). Lange Nudeln (langes Leben), See-Algen (Wohlstand) und Orangen/Mandarinen (Glück und Wohlstand) werden immer gerne serviert.

Bei einem Geschäftsessen darf natürlich ein ganzer Fisch (Erfolg und Überfluss) nicht fehlen. Bitte den Fisch nicht eigenhändig umdrehen, dies bedeutet traditionell Unglück und Kentern der Schiffe. Man isst die oberen Filets zuerst, hebt dann die Gräten samt Kopf und Flossen an und legt diese auf einen separaten Teller. Erst dann isst man die unteren Fischfilets.

Tipp: Probieren Sie alles – es lohnt sich! Wenn es Ihnen nicht schmeckt, dürfen Sie es ruhig liegen lassen. Es gibt viele chinesische Delikatessen, die für den westlichen Geschmack gewöhnungsbedürftig sind. Hier einige meiner Lieblingsdelikatessen – ehrlich!
Tausendjährige Eier (sind nicht wirklich 1.000 Jahre alt), Stinkender Tofu (dies ist ein Eigenbegriff), Hühnerfüße in brauner Soße, Entenzungen, Fischmagen, Seegurke, frittierte Seidenraupen und Schlangensuppe.

65. Bedeutung der Speisen

Deutschland ist im Ausland eher nicht für die Qualität seiner Speisen bekannt, sondern dafür, von allem eine große Auswahl zu haben. Üblich sind drei bis vier Mahlzeiten am Tag. Aber immer Schweinshaxe, Sauerkraut, Kartoffelknödel, Eintöpfe oder riesige Fleischportionen mit dunkler Sauce, wie gerne im Ausland vermutet wird? Mitnichten. Heute ist die internationale Küche Teil der Alltagskultur in Restaurants und in deutschen Haushalten, denn die Essgewohnheiten der Deutschen haben sich erheblich verändert. Ziemlich gesundheitsbewusst ist der Deutsche geworden. Viele geben jedoch nicht gerne Geld für hochwertige Lebensmittel aus. Natürlich ist Deutschland auch ein Paradies für Wurst (1.500 Sorten). In der Bundesrepublik stehen ca. 40.000 Imbissbuden. Doch auch Vegetarier und Veganer haben ihre Lobby.

Übrigens: Das Lieblings-Kantinenessen der Deutschen von Platz 10 bis Platz 1: Rinderroulade mit Apfelrotkohl und Kartoffeln, Jägerschnitzel mit Bratkartoffeln, Hühnerfrikassee, Bami Goreng mit Hühnerfleisch, Alaska-Seelachs, Chicken-Nuggets mit Pommes, Alaska Seelachs gebacken, Pizza, Spaghetti bolognese, Currywurst.

Das Sauerkraut-Klischee: Die Deutschen haben viel erfunden, aber nicht das Sauerkraut! Schon zur Zeit der Errichtung der Großen Mauer war es in China bekannt. Portugiesen, Holländer und James Cook nahmen das konservierte Kraut mit auf See-Reisen als wirksames Mittel gegen Skorbut. Ein deutsches Nationalgericht ist Sauerkraut ebenfalls nicht – im Süden Deutschlands ist es allerdings verbreiteter als im Norden.

Deutsche haben eine lange Brotkultur. Sie lieben Brot. Auch im Ausland verzichten sie ungern darauf. Seit ungefähr 770 gibt es den Beruf des Bäckers. Man zählt in Deutschland weit über 700 Brotsorten von sehr dunkel gebackenem Vollkornbrot mit Saatenbeimischungen bis zu ganz weißem, sehr lockerem Weizenbrot. Namen wie Pumpernickel und Breze(l)n gelten im Ausland als exotisch. Deutsches Brot wird noch handwerklich in Bäckerei-Meisterbetrieben gebacken und in Bäckereifachgeschäften (etwa 44.500 im Land) verkauft, aber natürlich auch industriell hergestellt. (Internet http://www.museum-brotkultur.de)

66. Tischsitten

„*Ein Stäbchen wird leicht gebrochen,
zehn Stäbchen sind hart wie Stahl.*"
(Chinesisches Sprichwort)

Warum Chinesen mit Stäbchen essen?
Angeblich lehnte Konfuzius Messer bei Tisch ab. Er sah in ihnen eine derbe, gefährliche Waffe. Es wurden jedoch selbstverständlich Messer verwendet, allerdings primär vor dem Kochen. Das hatte neben dem praktischen auch einen ökonomischen Grund. Mundgerechte Zutaten im Topf werden schneller gar, denn das Brennholz war knapp.
Von dem fertigen Essen bediente man sich gemeinsam direkt aus dem heißen Kochgefäß, indem man die einzelnen Happen

Man erhält ein Paar Essstäbchen und für die Suppe einen Porzellanlöffel, darf aber gerne nach Messer und Gabel fragen. In guten Restaurants bitte das Schüsselchen auf dem Tisch stehen lassen und nicht zum Mund führen. Das Essen reinzuschieben oder zu schaufeln, gehört nicht zu den guten Manieren. Dies kann man gut in einfachen Straßenrestaurants beobachten und gerne auch mal versuchen. Hier lernt man, wie man superschnell mit Stäbchen essen kann.

Die Stäbchen legt man rechts vom Teller mit der Spitze auf dem Porzellanbänkchen ab. Bitte nicht mit den eigenen Stäbchen das Essen vom Servierteller holen, dafür gibt es extra Servierstäbchen, die meistens eine andere Farbe haben. In guten Restaurants und Hotels hat jeder Gast seine eigenen Servierstäbchen. Dafür gibt es ein doppeltes Porzellanbänkchen, rechts außen liegen die Servierstäbchen und innen die Essstäbchen. Für Linkshänder werden die Stäbchen links vom Teller/Schüsselchen eingedeckt.

Es ist fast alles *erlaubt* – wie schmatzen, schlürfen, mit vollem Munde reden und andere Geräuschentwicklungen. Natürlich gehören diese Sitten nicht zum guten Benehmen und sollten nicht nachgeahmt werden. Westliche Manieren sind angesagt. Das Einzige, was Chinesen beim Essen nicht schätzen, ist, sich die Nase zu putzen. Dafür sollte man lieber kurz aufstehen oder auf die Toilette gehen.

mit langen Zweigen, vornehmlich aus Bambus, herausfischte. Bambus ist hitzebeständig und geschmacksneutral. So verbrannte man sich nicht die Finger und mit der Zeit fanden dann kürzere Stäbchen den Weg zum Tisch. Buddhistische Missionare verbreiteten die Werkzeuge von China aus in große Teile Ostasiens.
Ein Sprichwort lautet: „Wer ein Reiskorn von der Schale in den Mund aufnehmen, eine Mücke in der Luft erhaschen und einen gegnerischen Pfeil abfangen kann, der vermag, seine verlängerten Finger – sprich Stäbchen – zu gebrauchen."

Dies sollte man nicht tun:

- Mit den Stäbchen herumfuchteln und auf Personen zeigen.

- Mit den Stäbchen Essen aufspießen.

- Die Stäbchen senkrecht in die Reisschale stecken. Dies symbolisiert Räucherstäbchen im Tempel und Ahnenverehrung.

- Die Happen von Stäbchen zu Stäbchen weitergeben. Dies gilt als Beerdigungsritual.

Das Stäbchen-Einmaleins: Das erste Stäbchen liegt am dickeren Ende zwischen Daumen und Zeigefinger. Der mittlere Teil liegt auf dem Mittelfinger oder Ringfinger. Dieses Stäbchen wird nicht bewegt. Das zweite Stäbchen hält man mit den Spitzen des Daumens und Zeigefingers wie einen Stift fest. Es wird hin und her bewegt um die Speisen zu greifen.

- Sich das Essen von der Tischmitte mit Stäbchen holen und direkt in den Mund stecken. Bitte zuerst auf den eigenen Teller legen und die Stäbchen wechseln. Es gibt separate Servierstäbchen und Essstäbchen.

Höflichkeit und Respekt sind oberstes Gebot. Falls man sich etwas nehmen möchte, sollte man zuerst die anderen Gäste rechts und links bedienen und

> **Tipp:** Nicht den letzten Rest der Speisen von der *Lazy Susan* nehmen oder den Teller/die Schüssel leer essen. Dies hieße dann, dass nicht genug Essen serviert wurde und Sie eventuell noch Hunger haben. Damit würde der Gastgeber sein Gesicht verlieren und eventuell noch etwas nachbestellen müssen.

dann erst sich selbst. Dies trifft auch auf Getränke und Zigaretten während oder nach dem Essen zu.

Wenn Sie sich beim Verzehr mancher Speisen nicht sicher sind, halten Sie sich an die Weisheit von Konfuzius: „Der Mensch hat dreierlei Wege, klug zu handeln: erstens durch Nachdenken, das ist der Edelste; zweitens durch Nachahmen, das ist der Leichteste und drittens durch Erfahrung, das ist der Bitterste." Am besten beim Tischnachbarn schauen und nachahmen! Natürlich werden Ihnen kleine Missgeschicke und Unwissenheit verziehen oder einfach übersehen.

66. Tischsitten

Setzt man sich an eine gedeckte Tafel, ist alles bereits rund um die (Platz-)Teller angeordnet. Was oberhalb des Tellers liegt, ist für das Dessert bestimmt: kleiner Löffel, kleine Gabel, eventuell noch ein Obstmesser. Man arbeitet sich von außen nach innen hin zum Teller vor. Für jeden Gang gibt es ein eigenes Besteck.

In Deutschland verwendet man Messer und Gabel zum Essen und zwar während der gesamten Mahlzeit. Vor jedem neuen Bissen wird ein Stückchen mit dem Messer abgeschnitten und mit der Gabel in den Mund befördert. Es kann auch nur die Gabel verwendet werden, falls die Speisen weich sind und nicht geschnitten werden müssen.

> **Tipp:** Wer die Handhabung des Bestecks aus den Vereinigten Staaten von Amerika gewöhnt ist, sollte sich in Deutschland ein wenig umstellen. Hier wird nicht das ganze Stück Fleisch klein geschnitten, um dann lediglich mit der Gabel weiterzuessen.

Die Fixierung der Westeuropäer auf Tischmanieren ist historisch gesehen relativ neu. Im Mittelalter war es eine ausgemachte Sache, dass man mit den Fingern und einem säbelartigen Messer aß. Jeder vom selben Gericht.

Suppen werden mit einem Suppenlöffel gegessen und niemals mit der *Mund-an-Schale-Technik* getrunken. Suppenreste sollten nur aus *winzigen* Tässchen ausgetrunken werden!
Alle beginnen gemeinsam mit dem Essen, soweit dies möglich ist.

In Deutschland unterscheidet man ca. 25 verschiedene Löffel – vom Cocktaillöffel über den Kaviarlöffel bis zum Zuckerlöffel! Unterschiedliche Gabeln und Messer gibt es erheblich weniger.

Zum Menü im Restaurant wird meistens Brot oder Brötchen kostenlos gereicht. (Allerdings wird in manchen Regionen, zum Beispiel in Bayern, das verzehrte Brot stückweise abgerechnet.) So geht's: Ein Stück Baguette oder Ähnliches aus dem Brotkorb nehmen und auf den eigenen kleinen Brotteller links neben dem Gedeck legen. Mit dem dafür vorgesehenen Besteckteil ein Stückchen Butter oder vom Aufstrich nehmen. Kommt ebenfalls auf den kleinen Teller. Nun wird ein mundgerechtes Stück Brot abgebrochen und mit dem eigenen Buttermesser etwas von der Butter daraufgetan. Fertig. Mit der Hand ab in den Mund.

Es war einmal ... Die Gabel steckte in Deutschland beim Bauern noch im Mist. Da tauchte sie im 11. Jahrhundert erstmals in Italien am Tisch auf. Doch die katholische Kirche predigte, dass der Teufel die Gabel holen soll – Gottesgaben seien zu achten und nur mit den von Gott geschaffenen Fingern zu berühren! Vierzinkige Gabeln setzten sich schließlich mit Aufkommen der Kartoffeln in Europa im 18. Jahrhundert durch, weil diese sich so besser zerquetschen ließen.

Übrigens: So isst die Weltbevölkerung: ungefähr 13 % mit Besteck (800 Millionen Menschen), 19 % mit Stäbchen (1.2 Milliarden) und 68 % mit ihren Fingern (4 Milliarden).

Es ist nicht fein, eine ganze Scheibe Brot in die Hand zu nehmen und abzubeißen – oder gar mit der Gabel aufzuspießen. Restliche Sauce auf dem Teller sollte *nicht* mit einem Stück Brot aufgetunkt werden, besser den Ober nach einem Löffel fragen. → *Reihenfolge beim Menü*

Die Sprache des Bestecks: Die einzige nonverbale Verständigung über die Wünsche bei Tisch im gesamten Westen sieht folgendermaßen aus: Messer und Gabel kreuzen sich mit den Spitzen auf dem Teller (umgedrehtes V): *Ich bin noch nicht fertig.* Liegen Messer und Gabel parallel auf der rechten Tellerseite auf ca. 16:25 einer Analoguhr, heißt das *Ich bin fertig.*

1. Ich pausiere

2. Ich bin fertig

Vor vielen Jahrzehnten hatten Tischsitten vor allem eine soziale Funktion: Wer darin sattelfest war, konnte sich von den Unwissenden abgrenzen. Der Adel hielt sich mit diesem Vorsprung an Wissen das aufstrebende Bürgertum auf Distanz.

Bis heute gilt: Rülpsen, Schlürfen und andere Geräusche sind nicht nur während des Essens absolut unfein. Das lautlose Kauen mit geschlossenem Mund ist selbstverständlich. Kindern wird in Deutschland beigebracht, erst hinunterzuschlucken und danach zu reden.

Dies ist ebenfalls verpönt bei Tisch: Alle möglichen privaten Gegenstände auf den Tisch legen (Smartphone, Autoschlüssel, Handtasche ...), bei Tisch telefonieren, Messer und Finger ablecken, sich laut schnäuzen, mit Salz und Pfeffer nachwürzen, ohne vorher die Speise probiert zu haben, mit dem Besteck gestikulieren, Reste aus der Schüssel auf den Teller schütten (Beilagenbesteck benutzen), auf den Boden spucken, lautes Verhalten im Restaurant, unhöfliches Benehmen dem Servicepersonal gegenüber, sich betrinken.

> **Übrigens:** Erst wenn die Nutzenargumente überzeugend sind, greift eine Regel in einer Gesellschaft. Welchen Nutzen hat der Gesprächspartner bei Tisch, wenn er anschauen darf, wie ein anderer seine Zähne von Essensresten befreit? Der Zahnstocher wird darum auf der Toilette benutzt, nicht am Tisch!

Linkshänder: Die fein eingedeckte Tafel berücksichtigt im Westen nur Rechtshänder. Linkshänder decken sich die Besteckteile des jeweiligen Gangs selbst um und essen, wie sie es gewöhnt sind. Gläser und Brotteller bleiben, wo sie sind. Das Besteck sollte nach dem Essen – zur Erleichterung für den Service – wie bei einem Rechtshänder abgelegt werden.

Das kommt gut an: Gläser mit einem Stiel werden auch an diesem gehalten, nicht am Kelch. Mit der Serviette sollte der Mund vor dem Trinken abgetupft werden, um keine Speisereste am Glasrand zu haben. Das Personal möchte seinen Job gut machen – also trägt man nichts eigenhändig durch das Lokal oder *organisiert* etwas von anderen Tischen. Das Umstellen von Tischen und Stühlen im Lokal gehört auch zu den Serviceaufgaben.

Servicekräfte werden mit ihrem Namen angesprochen, falls bekannt. Ansonsten heißt es: *Herr Ober* bei einem Mann. Für die weibliche Fachkraft gibt es in Deutschland leider keine offizielle Bezeichnung. Das ist wirklich ein Dilemma! Passend ist es, Blickkontakt zu suchen, eine freundliche Handbewegung zu machen, „Bitte" zu sagen oder notfalls „Entschuldigung" – das sollte sie anlocken!

In Deutschland muss der Teller nicht leer gegessen werden, darf aber! *Anstandshäppchen* – mit denen signalisiert wird, dass man wirklich gesättigt ist – sind unüblich. Wer fertig gegessen hat, zeigt dies mit dem Besteck an.

Reden halten: Bei offiziellen Geschäftsessen werden (auch) Reden gehalten. In Deutschland gibt es eine absteigende Redekultur: zuerst spricht der *Mächtige*, danach die anderen.

67. Buffet

Traditionell gibt es wenig Restaurants mit Buffets oder *All-you-can-eat* in China. Dieser Servicestil richtet sich gegen das gewohnte gemütliche Zusammensitzen und Teilen von Speisen. Auch können so die Speisen nicht absolut frisch zubereitet werden und sehr heiß serviert werden. Chinesische Gerichte sollten frisch und heiß aus dem Wok direkt auf den Tisch kommen. Außerdem möchten Chinesen sich lieber ihr Menü selbst zusammenstellen und nicht das essen, was alle am Buffet essen. Sie möchten auch nicht 2 – 3 Stunden von den warmgehaltenen, abgestandenen Speisen probieren.

Falls es doch Buffets gibt, werden diese für Touristengruppen in Hotels angeboten und sind oft eine Mischung aus chinesischen und westlichen Speisen. In Großstädten werden inzwischen die westlichen Buffets oder BBQs immer beliebter. Zum Frühstück werden heutzutage auch Buffets angeboten. Wenn Chinesen sich dann einen vollgeladenen Teller holen, werden diese oft geteilt oder man probiert von allem etwas. Dann stapeln sich schon mal die Steaks neben Käsekuchen, Nudeln neben Schokoladenmousse und obendrauf noch Garnelen und Austern. So viel wie möglich und von allem soll etwas dabei sein.

67. Buffet

Übrigens: Für Deutsche ist es natürlich ziemlich einfach, die einzelnen gewohnten Gerichte als süß, salzig oder sauer schmeckend zu erkennen. Darum machen sich Gastronomen leider oft keine Gedanken darüber, die verschiedenen Speisen für ausländische Gäste auch so zu deklarieren. Das führt dann meist dazu, dass der Teller des Gastes mit Schinken, Rosinenbrot, grüner Sauce, Eierpfannkuchen, Labskaus und Frühlingsquark beladen ist.

Tipp: die (meisten) süßen Sachen sind am Ende des Buffets – vor dem Käse – aufgebaut.

Wenn das Buffet eröffnet ist, bedient man sich – nicht vorher. In der Firmenkantine oder bei Tagungen geht man einzeln oder gemeinsam zum Buffet – hier ist keine *offizielle Eröffnung* durch die Gastgeber notwendig. Stilvoll sollte für jeden Gang ein frischer Teller (und Besteck) genommen werden. Man bedient sich nur mit *der* Menge an Gerichten, die man dann auch verspeisen kann, damit nicht so viele Reste im Müll landen.

Buffets sind normalerweise in der Reihenfolge aufgebaut, in der man sich auch an ihnen bedienen sollte: Vorspeisen/Suppe, Hauptgerichte, Käse, Desserts → *siehe weiter unten*.

Es wird leider auch hin und wieder Veranstaltungen/Einladungen zu Buffets geben, die keine warmen Speisen beinhalten. Deutsche haben prinzipiell nichts dagegen, sich an vorgefertigten Buffets zu bedienen, obwohl auch sie lieber frisch zubereitete Speisen mögen.

68. Missgeschicke bei Tisch

Falls man ungeschickt mit den Stäbchen hantiert und ein Brocken auf den Tisch fällt, wird dies einfach nicht beachtet. Kleinigkeiten wie Gemüsereste zwischen den Zähnen oder offene Kleiderknöpfe werden nicht erwähnt, da sonst das Gegenüber sein Gesicht verliert.

Das Bekleckern der Tischdecke ist oft unvermeidbar und deshalb kein grober Fehler. Es gehört aber nicht zum guten Ton und sollte nicht absichtlich getan werden. In guten Restaurants und Hotels wird das Essen für jede Person portioniert und serviert, dadurch wird Kleckern weitgehend vermieden.

68. Missgeschicke bei Tisch

Fremdkörper im Mund? Sollte beim Fisch- oder Fleischessen versehentlich eine Gräte oder ein Knöchelchen in den Mund gelangen, wird der Fremdkörper mit der Zungenspitze vorsichtig auf die Lippen, von da auf die Gabel und dann auf den Tellerrand oder Grätenteller befördert. Das geschieht am besten hinter vorgehaltener Hand, damit die Zunge nicht zu sehen ist. Notfalls den Fremdkörper geräuschlos in die Faust gleiten lassen wie zum Beispiel einen Kern/Stein von frischem Obst.

Kleine Peinlichkeiten gelassen nehmen: Bei Tisch kann immer mal etwas schiefgehen: Ein gefülltes Glas fällt um, man bekleckert sich selbst oder andere, Speisereste hängen in Zahnzwischenräumen ... Je verkrampfter dann reagiert wird, desto schlimmer sind oft die Ergebnisse. Es bleibt nur eins: Gelassenheit und den Ober bitten, helfend einzugreifen. Wer andere schädigt, bietet die Übernahme der Reinigungskosten an. Generell gilt: ein Malheur, das leicht zu beheben ist, darf man ansprechen – etwa die Kresse zwischen den Zähnen des anderen – alles andere *sieht* man ganz einfach nicht.

69. Trinksitten

Auch bei den Trinksitten gilt es wieder, Respekt zu zeigen und das Gesicht zu wahren. Der Gastgeber spricht den ersten Toast aus, danach folgen andere Toasts, meistens zwischen den Gerichten. Der Gast darf auch selbst einen Toast aussprechen und dabei auf die Zusammenarbeit und den Erfolg der Geschäfte anstoßen. Wenn es mehrere Tische gibt, geht man zwischendurch zu den anderen Gästen, spricht einen Toast aus und prostet sich zu. Während eines Toasts sollten alle aufhören zu essen und mit anstoßen, wobei das Glas mit beiden Händen schulterhoch gehalten wird. Mit höher gestellten und älteren Gästen wird zuerst angestoßen. Jüngere Gäste und Mitarbeiter in einer niedrigeren Position halten das Glas beim Anstoßen etwas niedriger als der Ranghöchste oder der Ehrengast, um Respekt zu zeigen.

Wenn Sie das Wort *Gan bei* hören, heißt es, das Glas ganz zu leeren. Gläser und Tassen sollten immer gefüllt sein. Das Nachschenken erfolgt automatisch vom Kellner oder Gastgeber. Nachschenken bedeutet Aufmerksamkeit und Höflichkeit. Natürlich möchte jeder der Höflichste sein und es entsteht ein richtiger

Zeichen des Dankes
Das Symbol für Dankbarkeit am Tisch, sind die drei mittleren, gekrümmten Finger, mit denen leicht auf den Tisch geklopft wird. Diese Geste stammt aus der Qing-Dynastie, als der Kaiser Qian Long mit seinen Untertanen inkognito reiste. Als er einmal seinen Dienern in einem Teehaus selbst Tee einschenkte, wurden diese sehr verlegen und bedankten sich mit dem Fingerklopfen, um die Tarnung des Kaisers nicht preiszugeben. Dabei soll der Mittelfinger den gebeugten Kopf symbolisieren und die anderen 2 Finger die respektvoll niedergeworfenen Arme. Dies bedeutet heutzutage ein respektvolles Dankeschön, fast wie eine Verbeugung vor dem chinesischen Kaiser. Sie können diese Geste anwenden, falls Sie nicht ständig ein Gespräch durch Wörter wie *Xièxie* (= Danke) unterbrechen möchten.

Kampf beim Nachschenken. Falls nichts mehr gewünscht ist, sollte man einfach sein volles Glas stehen lassen.

Da der Gastgeber selbst auch ständig nachschenkt, wird als Zeichen des Dankes ein paar Mal mit den drei mittleren Fingern auf den Tisch getippt.

Übrigens wird Suppe in China als Getränk angesehen, und man darf die Suppenschüssel ruhig austrinken.

69. Trinksitten

Vor einem abendlichen Dinner wird ein Aperitif gereicht. Oft wird das Getränk im Stehen genossen – etwa an der Bar oder auf der Terrasse des Restaurants, aber auch am Tisch. Dabei haben die Gastgeber die Möglichkeit, die Gäste zu begrüßen und einander bekannt zu machen. Man beschäftigt sich auch schon mit der Auswahl der Speisen, kommt sich näher beim Smalltalk. Angestoßen wird generell mit der gleichen Getränkesorte. Wasser macht heute jedoch beim Anstoßen immer mit. Beim Mittagessen ist ein Aperitif aus Vernunftsgründen entbehrlich, zum Abendessen gehört er dazu. Jetzt besteht die letzte Gelegenheit zu rauchen, falls es gestattet ist. → *Rauchen*

Normalerweise beinhaltet der Aperitif ein einziges Getränk. Sobald zum Platznehmen aufgefordert wird, bleibt das Glas an der Bar oder auf einem Tablett zurück. Vom Aperitif trinkt man nicht mehr, sobald der Wein eingeschenkt ist und das Essen beginnt. Gern getrunkene Aperitifs sind neben Champagner trockene weiße Weine, Sherry, Campari (-Soda/-Orange), Cinzano, Cynar oder Pastis, Ouzo, Raki (Anisgetränke, die mit Wasser verdünnt werden) und der klassische Martini mit einer grünen Olive. Sehr in Mode ist Lillet (Wein mit 15 % Fruchtlikör). Ein gezapftes, kühles Bier ist ein guter Durstlöscher, jedoch kein Aperitif. Es wird deshalb *anstatt* bestellt: „Für mich bitte anstelle des Aperitifs ein Bier."

Eine kurze Ansprache zu Ehren einer anwesenden Person, gefolgt von der Aufforderung, das Glas zu erheben, wird als *Toast* bezeichnet.

Trinksprüche/Toasts:

„Auf den Rest unseres Lebens!" „Ich möchte die Gelegenheit nutzen, um unseren Gastgebern für diesen gelungenen Abend zu danken ..." „Lassen Sie mich mit Ihnen auf unseren gemeinsamen Erfolg anzustoßen ..." „Für Sorgen sorgt das liebe Leben, und Sorgenbrecher sind die Reben." (*Johann Wolfgang von Goethe*), „Wer nicht liebt Wein, Weiber und Gesang, der bleibt ein Narr sein Leben lang." (*Martin Luther*).

Es wird üblicherweise erst dann nachgeschenkt oder nochmals bestellt, wenn ein Glas leer getrunken ist. Dies gilt vor allem für leichtere alkoholische Getränke wie Bier. Beim Wein wird der Service aufmerksam sein und dann erneut nachschenken, wenn nur noch wenig im Glas ist. So behält vor allem der Weißwein eine konstante Temperatur. Nur in Ausnahmefällen wird der Gastgeber selbst zur Flasche greifen und seine Gäste bedienen.

Möchte man keinen weiteren Wein nachgefüllt bekommen, sagt man zum Kellner/Sommelier: „Für mich bitte nicht mehr" oder „Nein, danke". Mehr braucht man nicht zu tun. Die Anzahl der verschiedenen Gläser auf dem Tisch ist für den ausländischen Esser oft verwirrend. Da hilft nur eins: schauen, wie die anderen es machen, und Verständnisfragen stellen.

In Deutschland gibt der Gastgeber das Startsignal zum Trinken und prostet mit seinem Weinglas der Tafelrunde zu. Man schaut sich einmal an – auch nach rechts und links, nimmt ein Schlückchen, schaut nochmals in die Runde und trinkt dann nach eigenem Bedürfnis. Diese Zeremonie kann bei jedem Weinwechsel wiederholt werden. Ist SIE Gastgeberin, geht dieser Impuls auch von IHR aus.

Angestoßen wird zu *besonderen Anlässen* und auch dann nur mit Wein, Champagner und Sekt oder natürlich mit Mineralwasser. Das Anstoßen geschieht im kleinsten Kreis. In einer größeren Sitzrunde am Tisch hört sich das gemeinsame Klirren der Gläser in der Mitte des Tisches ziemlich rustikal an. Man lässt in Deutschland immer seltener die Gläser klingen. Ausnahmen sind dann angebracht, wenn es in einem begrenzten persönlichen oder beruflichen Umfeld zur Würdigung eines Moments (Vertragsabschluss, Beginn des neuen Jahres usw.)

unsinnig wäre, althergebrachte Traditionen anzuzweifeln und zu verweigern. Eine Form von Verbundenheit wird hergestellt, wenn man sich *auf ein Glas* gegenseitig einlädt – als Kollegen in eine Kneipe oder in ein Brauhaus, nach Geschäftsschluss in eine Bar. Deutsche treffen sich eher zum Trinken als zum Essen. Alkohol hat sich in westlichen Ländern als eine Art soziale Norm etabliert. → *Alkohol*

70. Getränke

In den meisten Restaurants kann man Limonade, Cola, Cream Soda, Grass Jelly Drink, Lychee-Saft, Kokosnussgetränk, Säfte, Sojamilch erhalten. Es gibt auch verschiedene Biersorten. Die bekannteste Sorte ist Tsingtao, die auf deutsche Bierbraukunst zurückgeht. Erstmals wurde das Bier im Jahr 1903 von deutschen Siedlern in Qingdao (deutsche Kolonie von 1898 bis 1914) gebraut und ist heutzutage die zweitgrößte Brauerei Chinas und auf Platz 6 weltweit.

Cognac ist das beliebteste alkoholische Getränk. Rotwein, Weißwein und Sekt sind inzwischen auch sehr beliebt. China produziert selbst exklusive Weine aus Rebsorten wie Chardonnay, Riesling und Cabernet Sauvignon. In internationalen Hotels bekommt man fast alle westlichen Getränke. → *Wein*

Inzwischen boomt die Kaffeekultur und es wird sogar Kaffee in der Provinz Yunnan angebaut.

70. Getränke

Als Kaltgetränk rangiert Mineralwasser auf dem ersten Platz, dicht gefolgt von den Klassikern der alkoholfreien Getränke wie Cola, Fanta, anderen zuckerhaltigen Limonaden und Fruchtsäften.

In Deutschland wird eine große Anzahl von alkoholfreien und alkoholischen Mixgetränken angeboten, die zum Teil fertig in Flaschen verkauft oder in der Gastronomie gemixt werden. Das Angebot ist regional sehr unterschiedlich.

Einige Beispiele:

- Alle Arten von *Saft-Schorlen,* halb und halb Mineralwasser und Fruchtsaft (zum Beispiel mit Kirsche, Apfel, Apfelsine ...)

- *Spezi/Diesel,* eine Mischung aus Cola und Limonade

- *Radler sauer,* ein Biermischgetränk, das aus (dunklem) Bier und Limonade besteht
- *Russenhalbe/Russ'n-Maß,* Weizenbier mit Zitronenlimonade

- *Berliner Weiße mit Schuss,* obergäriges Bier aus Gersten- und Weizenmalz – nur in Berlin gebraut mit Himbeer-/Waldmeistersirup

- *Biercola,* Bier mit Cola

- *Red Eye, Red beer,* Bier mit Tomatensaft

Über Geschmack sollte man nicht streiten! Ausprobieren? Oder doch lieber nicht?

- *Wein-Schorle,* eine Mischung aus Weiß- oder Rotwein mit süßem oder neutralem Mineralwasser („Möchten Sie Ihre Weinschorle süß oder sauer?"). Bei einer Wein- und Wasserbestellung im Restaurant sollte das Wasser nicht eigenhändig in den guten Wein gegossen werden – man trinkt es *nebeneinander.* Das zeugt von Weinverstand.

Bier: Im Bereich der alkoholischen Getränke ist Bier das Lieblingsgetränk der Deutschen. Pro Jahr laufen statistisch 107 Liter durch jede deutsche Kehle, obwohl der Bierkonsum in der Bundesrepublik leicht rückläufig ist. Die meisten regionalen Brauereien findet man in Franken. Und bei fünf bis acht Grad je nach Sorte schmeckt Bier am besten. Alkoholfreies Bier wird von vielen Brauereien angeboten – und darf bis zu 0,5 Volumenprozent Alkohol aufweisen.

Obergärige Biere sind *Altbier, Kölsch* und *Weizenbier* (beim obergärigen Bier steigt die Hefe während des Brauvorgangs an die Oberfläche). Untergärige Biere sind *Pils, Schwarzbier* und *Exportbier* (hierbei verläuft der Gärungsprozess umgekehrt, dann sinkt die Hefe auf den Boden des Tanks).

Beindruckende aktuelle Zahlen: Die Menge der Bierproduktion 2011 in China: 490 Millionen Hektoliter; die Menge im gleichen Jahr in Deutschland: 96 Millionen Hektoliter.

In typischen Bierlokalen sollte nicht unbedingt Wein bestellt werden – und umgekehrt, denn eins von beiden kann man dort besonders gut! Es gibt eine Vielzahl von Brauereien und lokalen Biersorten. Und ebenso viele unterschiedliche Gläser, aus denen eben nur diese eine Biersorte gut schmeckt! Jüngere Erwachsene trinken die neuen *kultigen* Biere und Biermix-Getränke aus der Flasche. Natürlich darf man auch nach einem Glas fragen. Bier aus der Dose zu trinken, gilt nach wie vor als unkultiviert.

Falls Tee getrunken wird, ist in Deutschland der *Schwarze* der beliebteste. Alkoholische Heißgetränke sind Glühwein, Punsch und Grog.

71. Wasser

*„Wenn der Brunnen trocken ist,
erkennt man den Wert des Wassers."
(Chinesisches Sprichwort)*

Wenn Gäste nach einem Glas Wasser fragen, erhalten sie in China ein Glas abgekochtes heißes Wasser. Dies wird auch während des Essens und bei Besprechungen in Thermoskannen bereitgestellt. Kaltes sprudelndes Wasser (Mineralwasser mit Kohlensäure) ist eher gewöhnungsbedürftig für Chinesen. Mineralwasser mit Kohlensäure gibt es selten.

Dafür kann man überall stilles Mineralwasser und destilliertes Wasser kaufen – leider nur in Plastikflaschen und in großen Wasserspendern in Büros. Destilliertes Wasser wird als absolut reines, klares und sauberes Wasser vermarktet – gesund ist es nach westlichen Standards natürlich nicht, sondern giftig.

Leitungswasser sollte man nicht direkt trinken!

71. Wasser

Mineralwasser ist ein Grundwasser mit besonderen Eigenschaften. Seine Inhaltsstoffe dürfen nur unwesentlich schwanken. Es muss aus unterirdischen Wasservorkommen stammen und von ursprünglicher Reinheit sein.

Bezeichnungen für natürliches Mineralwasser sind:

- Natürliches Mineralwasser

- Natürliches kohlensäurehaltiges Mineralwasser

- Natürliches Mineralwasser mit eigener Quellkohlensäure versetzt

- Natürliches Mineralwasser mit Kohlensäure versetzt

- Säuerling oder Sauerbrunnen

- Stilles Mineralwasser ist ein natürliches Mineralwasser, das von Natur aus keine/wenig Kohlensäure enthält. Es ist meistens in grüne Einwegflaschen abgefüllt.

- Quellwasser und Tafelwasser sind keine Mineralwässer.
- Heilwasser hat nachgewiesen eine heilende oder vorbeugende Wirkung und ist als Arzneimittel zugelassen.
- Sodawasser ist ein Tafel- oder Mineralwasser, das in Deutschland mindestens 570 mg Natron je Liter und Kohlensäure enthält.

Die größten deutschen Unternehmen am Mineralwassermarkt sind: Mitteldeutsche Erfrischungsgetränke (MEG), Hansa-Heemann, Altmühltaler, Baruther, Breuna (Schäff), Hassia-Gruppe, Nestlé Waters Deutschland, Gerolsteiner Brunnen.

Destilliertes Wasser wird in Deutschland nicht (öffentlich) getrunken. Es kommt in der Pharmazie zur Anwendung, in Dampfbügeleisen und als Reinigungsmittel. Beim Trinken von sehr viel destilliertem Wasser besteht die Gefahr einer Wasservergiftung (fehlende Elektrolytmenge).

Kaltes Wasser wird in Deutschland nicht automatisch serviert wie etwa in den USA. Es ist eher unüblich, nach Leitungswasser zu fragen, obwohl dieses bedenkenlos getrunken werden kann. Bestelltes Mineralwasser muss bezahlt werden und eventuell sogar das (heiße) Wasser aus der Leitung.

Tipp: Bitten Sie gezielt um heißes Wasser in Besprechungen, falls Ihre Gastgeber nicht daran denken.

72. Chinesischer Tee

„Bitterer Tee, mit Wohlwollen dargeboten, schmeckt süßer als Tee, den man mit saurer Miene reicht."
(Chinesisches Sprichwort)

Das wichtigste Getränk in China ist Tee. Dieser wird zu jedem Essen rund um die Uhr getrunken. Tee ist ein jahrtausendealtes Getränk. Es wird als Durstlöscher, zur Verdauung, als Medizin und als seelischer Balsam eingesetzt. Es gibt viele unterschiedliche traditionelle Teezeremonien und die Kunst des Teeanbaus und der Teegenuss können mit westlicher Weinkunde verglichen werden.

Je älter und delikater der Tee, desto teurer ist er. Zum Beispiel kann eine Scheibe Pu-Erh-Tee aus der Provinz Yunnan in Hongkong bis zu 10. 000 Dollar (= ca. 1.000 Euro) erzielen. Der kostbare Tee wird in verschiedene Formen – Teeziegel, Teescheiben, Teenester oder in Bambusrohre – gepresst, um ihn länger haltbar zu machen und besser transportieren zu können. Durch bestimmte Mikroorganismen (Teepilz) wird er konserviert und kann so bis zu 100 Jahre nachreifen.

Auf jeden Fall sollte chinesischer Tee nicht mit Zucker oder Zitrone getrunken werden, sondern nur pur, weil der Geschmack sonst verloren geht. Derselbe Tee kann des Öfteren mit heißem Wasser aufgebrüht werden. Eine Kanne reicht so stundenlang für mehrere Personen.

Es gibt vielerlei Teesorten. Chinesen lieben Chrysanthemen Tee, Weißen Tee und den stärker fermentierten Pu-Erh- und Oolong-Tee. Beliebte Sorten bei Ausländern sind die Grünteesorten und Jasmin-Tee. Jede Region hat ihre Spezialitäten, wie zum Beispiel aus Yunnan der Tee der Acht Kostbarkeiten (Grüntee, Kräuter, Früchte, Blumen und Kandiszucker). Normalerweise wird ja in Deutschland Tee getrunken und Suppe mit einem Löffel gegessen. In Hunan gibt es einen Tee, der gegessen wird, weil außer Tee noch Salz, Ingwer, Sojabohnen und Sesam mit konsumiert werden.

Oft wird auch nur kochend heißes Wasser getrunken, dafür erhalten Gäste in Restaurants zusätzlich ein Kännchen heißes Wasser. Wenn Tee bestellt wird, bekommt man meistens ein Kännchen Tee und ein Kännchen heißes Wasser. So kann man selbst das Wasser in die Teekanne nachschenken. Wenn mehr heißes Wasser benötigt wird, hebt man einfach den Deckel des Kännchens an und legt ihn auf den Griff. Dies ist das Signal für den Kellner, um heißes Wasser nachzugießen. → *Wasser*

72. Kaffee

Das beliebteste Heißgetränk der Bundesbürger ist Kaffee. Er wird zu jeder Tageszeit getrunken. Kaffee kam im 17. Jahrhundert nach Europa. Nach Belieben wird er mit Milch und Zucker konsumiert. Jedes Unternehmen hat eine Kaffeeküche (auch Teeküche genannt) oder zumindest eine Ecke, in der eine Kaffeemaschine steht, aus der mehr oder weniger guter Kaffee kommt. Man verabredet sich (immer weniger) in einem Café oder in einem Coffeeshop auf *einen Kaffee*. *Coffee to go* gibt es überall. Kaffee-Varianten sind Cappuccino, Espresso, Mokka, Latte macchiato sowie viele aromatisierte Kaffeespezialitäten, auf die Westler großen Wert legen.

Etikette: Nach einem Essen (mittags oder abends) trinken Kenner einen Café (Espresso) und keine Latte macchiato, Caffe latte oder Cappuccino, weil Milch enthalten ist. Sie zeigen damit auch dem Gastgeber, dass sie satt geworden sind und nicht noch ein *Dessert* benötigen. Der Milchschaum auf dem Cappuccino wird streng genommen nicht gelöffelt. Grundsätzlich isst man kein Getränk und trinkt kein Gericht!

73. Wein

Traditionell trinken Chinesen lieber Spirituosen wie ihren Reisschnaps. Aber durch den westlichen Einfluss sind viele nun begeisterte Weintrinker geworden. Besonders Rotwein und französische Sorten mit bekannten wohlklingenden Namen wie *Château Margaux* und *Château Lafite* sind beliebt. Inzwischen werden immer mehr qualitativ gute Weine auch in China (zum Beispiel in der Provinz Shanxi) angebaut, oft mit Hilfe von französischen Önologen.

Die bekanntesten chinesischen Weinproduzenten sind *Dynasty* und *Great Wall*, doch qualitativ am besten ist momentan *Grace Vineyard*, mit dem bekannten *Chairman Reserve* Cabernet Sauvignon. Es werden auch typisch deutsche Rebsorten wie Riesling angebaut und guter Eiswein produziert. Wein zu trinken ist ein richtiger Trend in China, deshalb werden die Weinbars, Weingeschäfte und der Konsum wohl weiterhin steigen.

73. Wein

Die Bundesrepublik Deutschland ist ein bedeutendes Importland für Wein, Champagner und Sekt. Mehr als die Hälfte des hier getrunkenen Weines wird importiert. Wichtige Lieferanten sind Italien, Frankreich, Spanien, Österreich und Südafrika. 80 Millionen Deutschen konsumieren im Jahr 20 Millionen Hektoliter Wein!

Bekannte deutsche Anbaugebiete liegen am Rhein, an der Mosel und an der Ahr. Hier werden wunderbare Weine ausgebaut! Wichtigste Rebsorten in Deutschland sind: *Riesling, Müller-Thurgau, Silvaner/Kerner, Grauburgunder (Ruländer), Spätburgunder, Dornfelder, Portugieser und Trollinger*.

Schäumende Weine heißen in Deutschland *Sekt* und *Winzersekt,* in Italien *Frizzante* und *Spumante*. Steht nur *Prosecco* auf der Flasche, ist es ein *Frizzante (Perlwein). Cava* ist der spanische Begriff und *Champagne r)* darf nur der schäumende Wein aus der Champagne genannt werden. *Cremant* finden wir in Frankreich/Elsass, seit einigen Jahren darf diese Bezeichnung auch für deutschen Sekt Verwendung finden.

Ein weiterer Bereich der alkoholischen Getränke sind Spirituosen, die durch Destillation von Obst, Wein, Zuckerrohr oder Getreide hergestellt werden. Die bekanntesten Spirituosen sind Weinbrand, Korn, Wodka, Whisky, Rum und Wacholder.

> *„Dienst ist Dienst und Schnaps ist Schnaps."*
> *(Deutsches Sprichwort)*

74. Alkohol

Bei Geschäftsessen wird gerne Schnaps getrunken, der meistens eine Alkoholkonzentration von über 50 % hat. Der berühmteste chinesische Schnaps heißt *Maotai* und wird auch Weißwein genannt, obwohl er nichts mit Wein zu tun hat.

Bei einem sogenannten *Kampftrinken* sollten Gäste mitmachen, da eine Ablehnung meist nicht verstanden und akzeptiert wird (außer bei Frauen). Viel trinken ist wichtig für eine Geschäftsbeziehung, denn wer viel trinken kann, ist auch ein starker Geschäftsmann und zeigt damit Respekt und Gesicht seinem Partner gegenüber. Vorsicht: Nicht viel mehr als der Partner trinken, sonst verliert dieser wiederum sein Gesicht!

Allerdings weiß man durch das ständige Nachschenken am Ende kaum noch, wie viel jeder getrunken hat.

Leider haben Chinesen eine Alkoholintoleranz oder Alkoholunverträglichkeit. Sie bekommen schnell einen hochroten Kopf und werden immer lustiger und redseliger. Der Grund liegt wohl an einem mutierenden Gen. Dieses ist für eine geringere Menge des Enzyms ‚ALDH' verantwortlich, was dann zu einem langsameren Absinken des Ethanolspiegels führt. Die wirklichen Ursachen für die Unverträglichkeit sind in der Wissenschaft noch umstritten.

Trinkspiele sind heutzutage besonders beliebt und sorgen für viel Spaß und Aufregung am Tisch. Dabei gibt es eine Menge verschiedener Würfel- und Fingerspiele, die zu richtigen Meisterschaften führen können.

Hier ein paar Beispiele für chinesische Trinkspiele, die natürlich nicht nur Spaß machen, sondern auch zur Beziehungspflege dienen. Das chinesische Spiel *Stein, Schere, Papier* wird wie in Deutschland gespielt und der Verlierer muss dann ein Glas austrinken. Bei einem bekannten Fingerspiel zeigt man eine Anzahl von Fingern und muss die Summer der Finger beider Spieler raten oder blitzschnell zusammenzählen. Dieses Spiel kann man mit einer Hand oder beiden Händen spielen, dabei erfordert es schnelle Reaktion und ein gutes Gedächtnis und Rechenkünste, was mit erhöhtem Alkoholgenuss immer schwieriger wird.

Achtung: Manchmal versuchen Chinesen, die Ausländer absichtlich abzufüllen, indem immer jemand anderer auf das Wohl des Gastes trinkt. So wechseln sich die Chinesen ab, Sie als Gast müssen aber immer ran.
Hin und wieder lassen sich Chinesen auch Tee statt Cognac einschenken, um länger durchhalten zu können. Sie als Gast erhalten natürlich den guten Cognac.

74. Alkohol

In einer alkoholdeterminierten Kultur wie Deutschland, in der viele Anlässe (Geburtstag, Hochzeit, Taufe, Firmenjubiläum, Weihnachtsfeier, Beerdigung) eng mit Alkoholkonsum verbunden sind, wird Trunkenheit in einem gewissen (privaten) Rahmen gebilligt. Alkohol wird auch symbolische Bedeutung zugeschrieben. Man stößt mit einem Glas Champagner an, wenn der Anlass besonders feierlich ist.

Tipp: Bei einem Geschäftsessen sollte man nur mäßig Alkohol trinken. Zum Lunch genügt zum Beispiel ein Glas Wein als Geschmacksträger. Wer sich betrinkt, hinterlässt meistens einen schlechten Eindruck. „Wer niemals einen Rausch gehabt, der ist kein braver Mann!" ist zwar ein deutsches Sprichwort, jedoch im Geschäftsleben nicht relevant.

Alkohol gibt es bei Besprechungen meist ohnehin nur, wenn es etwas zu feiern gibt. Wer bei alkoholfreien Getränken bleiben möchte, sollte niemals zum Alkoholtrinken gedrängt werden. In vielen deutschen Unternehmen ist der Genuss von Alkohol während der Dienstzeit komplett verboten.

Übrigens: Moderater Alkoholkonsum soll den beruflichen Erfolg steigern. Wohl dosiert, argumentieren Wissenschaftler, kann Alkohol als eine Art Wahrheitsbeschleuniger fungieren – er lässt Menschen unwillentlich die Wahrheit sagen. Gemeinsames Trinken (Social Drinking) ist eine Möglichkeit, dem anderen zu signalisieren, dass man ein kooperativer, produktiver Geschäftspartner ist. Diese *gelehrte* Ansicht lässt die Autorin unkommentiert!

75. Rauchen

Rauchen gehört genauso zur Kultur wie der chinesische Schnaps. Man bekommt immer großzügig Zigaretten angeboten und es wurde früher überall während des Essens geraucht. Ausländische Zigaretten und teure Zigarren werden als Mitbringsel geschätzt. Gäste sollten immer allen anderen etwas anbieten, bevor sie selbst anfangen zu rauchen.

Tipp: Wenn Sie nicht rauchen und Zigaretten angeboten bekommen, sagen Sie nicht „*Xièxie, bu yao!*" *(Danke, ich will nicht.)*, sondern „*Xièxie, bu hui!*" *(Danke, ich kann nicht.) Das hört sich höflicher an und bedeutet so viel wie „Ich rauche nicht."*

Normalerweise wird nicht in den Büros geraucht, außer der Vorgesetzte erlaubt es sich selbst einmal. Dafür rauchen die Mitarbeiter auf den Toiletten oder im Treppenhaus, was aber nicht wirklich erlaubt ist.

Bisher wussten die Chinesen nichts über die Risiken des Tabakkonsums. Inzwischen gibt es immer mehr Kampagnen gegen das Rauchen. Seit dem 1. Mai 2011 gilt in China das Rauchverbot in öffentlichen Räumen wie Restaurants, Bars und Krankenhäusern.

Weibliche Geschäftspartner sollten sich mit dem Rauchen zurückhalten, da es in der Öffentlichkeit nicht als seriös angesehen wird (wie in Deutschland auch).

75. Rauchen

In Restaurants und in allen öffentlichen Gebäuden ist das Rauchen seit einigen Jahren verboten. Denn schon seit Langem ist man sich in Deutschland der gesundheitlichen Folgen des Rauchens bewusst. Die Anzahl der Raucher sinkt von Jahr zu Jahr. Manchmal werden allerdings spezielle Raucherecken, Raucherräume oder Raucherbereiche bereitgestellt, die entsprechend gekennzeichnet sind. Raucherbereiche (etwa am Bahnhof) sind zu beachten. Die meisten Bürogebäude in der Bundesrepublik sind mittlerweile rauchfreie Zonen.

76. Ende des Geschäftsessens

Nachdem die Früchte serviert und gegessen wurden, ist das Bankett zu Ende. Weitere intensive Gespräche und langes Verweilen am Esstisch erlebt man in China nur vereinzelt. Der Gastgeber wird fragen, ob es den Gästen geschmeckt hat und ob sie genügend gegessen haben. Sie werden dann verabschiedet und bis zur Tür oder zum Auto/Taxi begleitet.

Falls man eine Fortsetzung des Gesprächs oder des Beziehungsaufbaus wünscht, werden Gäste noch in eine Karaoke-Bar oder einen SPA-Massage-Salon eingeladen. In Karaoke Bars geht es immer sehr lustig zu und deutsche Gäste sollten auch mitgehen und ein Lied mitsingen. → *Abendprogramm*

76. Ende des Geschäftsessens

Als Zeichen für das Ende einer Tafelrunde legt die Gastgeberin ihre Serviette endgültig ab. Als Single übernimmt der Gastgeber diese Rolle. Üblicherweise bleibt man nach dem Essen noch eine Weile sitzen und unterhält sich bei Tisch. Es ist unhöflich, gleich nach dem Essen aufzuspringen und zu gehen – dies gilt vor allem bei privaten Einladungen.

Später begleitet dann der Gastgeber seine Gäste zur Garderobe, hilft ihnen in den Mantel oder signalisiert dem Ober mit den Augen, dies für ihn zu tun. Für alle Gäste, die eventuell zu viel getrunken haben, und all jene, die mit dem Taxi gekommen sind, wird wieder eines bestellt. Oder der Gastgeber bringt die Gäste selbst nach Hause oder ins Hotel.

Tipp: Kleine Höflichkeitsgesten von Mann zu Frau haben eine lange Tradition und werden auf gesellschaftlichem Parkett als selbstverständlich betrachtet: Tür aufhalten, am Fahrstuhl den Vortritt lassen, die Autotür für die Beifahrerin öffnen, Frauen bei gesellschaftlichen Anlässen den Stuhl zurechtrücken und aufstehen, sobald sie den Tisch verlassen oder an ihn zurückkehren, anbieten, ihr in den Mantel zu helfen.

77. Bezahlen

Nach einem offiziellen Bankett bleibt der Gastgeber zurück, um die Rechnung zu bezahlen.

In kleiner Runde oder bei nicht offiziellen Essen bezahlt immer der, der einlädt. Einzeln zu bezahlen ist in China selten und sieht sehr unhöflich und geizig aus. Wenn man nicht

Chinesische Währung: Die offizielle chinesische Währung ist RMB (= Renminbi), was so viel wie Volkswährung bedeutet. Eine Einheit ist ein Yuan, in der Umgangssprache wird diese Einheit auch *„kuài"* genannt.

sicher ist, wer eingeladen hat, streitet man sich oft am Ende um die Rechnung. Derjenige, der gewinnt, hat *die Ehre* zu zahlen. Dieser Wettkampf um die Rechnung ist fast schon ein Ritual und gibt Respekt und Gesicht. Beim nächsten Essen wechselt man sich dann mit dem Bezahlen ab – und mit dem Gesicht geben.

77. Bezahlen

Bei einer Essenseinladung bezahlt der Gastgeber am Schluss für alle – bar oder mit Kreditkarte am Tisch, nachdem die Rechnung gebracht wurde, oder noch stilvoller diskret am Empfang. Man kann sich die Rechnung eventuell auch ins Haus senden lassen.

Bei häufig besuchten Restaurants und in Business-Club-Restaurants gibt es oft ein Monatskonto, das mit dem Unternehmen abgerechnet wird.

Möchte jeder seinen Anteil selbst bezahlen, lässt man die Gesamtrechnung kommen und teilt den Betrag. Oder man hat zu Beginn schon angekündigt, dass alle Selbstzahler sind – dann bekommt jeder Gast eine eigene Rechnung. „Legen wir den Betrag einfach zusammen?" Das ist eine gute Formulierung, wenn getrennt bezahlt werden soll, was in Deutschland bei privaten Essen im Restaurant oft vorkommt. Man *duelliert* sich eher nicht um die Begleichung der Rechnung, sondern revanchiert sich einfach beim nächsten Mal.

Übrigens: Cash only! Nur Bares ist Wahres! In vielen einfacheren Lokalen und Biergärten kann nicht mit Kreditkarte bezahlt werden. Zum Teil sind da schon gut sichtbar große Warnschilder aufgestellt, dass hier ausschließlich bar zu bezahlen ist. Also sollten vorab bunte Euroscheine am Bankautomaten gezogen werden.

Wie schon erwähnt, übernehmen Frauen heute als Gastgeberinnen ganz selbstverständlich alle Aufgaben – bis hin zum Begleichen der Rechnung. Deutsche Frauen (und deren Ehemänner!) finden nichts dabei, wenn SIE sich abends mit einem (fremden) Mann verabredet, um zum Beispiel eine Geschäftsbeziehung zu vertiefen.

78. Trinkgeld

Trinkgeld ist traditionell unüblich in chinesischen Restaurants. In Großstädten, besonders in internationalen Hotels und westlichen Restaurants wird mittlerweile auch Trinkgeld (5 bis 10 % des Betrages) erwartet und genommen.

78. Trinkgeld

In Deutschland wird ein (oft schwer zu bestimmendes) Trinkgeld erwartet. Vom Taxifahrer bis zum Frisör. Jedoch nicht von der Polizei oder bei Gericht. Im Restaurant sind 5 bis 10 % des Rechnungsbetrages üblich. Bei Barzahlung nennt man die Summe, um die man aufrunden möchte. Beim Bezahlen mit Kreditkarte wird das Trinkgeld am besten in bar hinzugefügt.

Der Inhaber eines Restaurants oder eines Dienstleistungsbetriebs bekommt kein Trinkgeld. Kassiert aber der Inhaber oder Geschäftsführer des Restaurants selbst ab, gibt man ihm das Trinkgeld „als Dankeschön für sein freundliches Servicepersonal".

Sich für einen schlechten Service mit Kleinbeträgen an Trinkgeld zu rächen, ist schlechter Stil. Dann gibt man besser nichts. War die Küche schlecht, sollte man guten Service trotzdem mit einem angemessenen Trinkgeld belohnen. Behält ein Kellner einfach das Wechselgeld ein, um sich selbst zu belohnen, ist das eine Unverschämtheit, die man – je nach Situation – ansprechen sollte. Aber eigentlich passiert so etwas nur in Touristenhochburgen!

79. Abendprogramm

Nach einem Geschäftsessen wird oft zu verschiedenen, nächtlichen Aktivitäten eingeladen. Die beliebteste Beschäftigung (nach Einkaufen und Mah-Jongg) ist das Karaoke-Singen. Es fällt vielen Deutschen schwer, auf einer Bühne zu singen und vor Publikum zu tanzen. Doch Chinesen haben jede Menge Spaß dabei und die Freundschaft und Beziehung wird dadurch gefördert. Deutsche Geschäftspartner sollten es mal ausprobieren!

Andere vergnügliche Einladungen gibt es in Bars, Diskotheken und in Rotlichtmilieus, wo Damen- oder Herrenbekanntschaften angeboten werden. Diese potenziellen Verlockungen sollten mit Vorsicht genossen werden. Es gibt gesundheitliche Bedenken und das Risiko der Bestechlichkeit.

79. Abendprogramm

Möchte man den Abend nach einem Essen stilvoll, aber in lockerer Atmosphäre ausklingen lassen, wechselt man mit den Geschäftspartnern vom Restaurant in eine niveauvolle Bar am Ort. Das kommt meistens gut an, wenn Frauen dabei sind, weil diese dann unbesorgt teilnehmen können und keine Peinlich-

Asiatische Geschäftsmänner haben in Bezug auf das Aussehen deutscher Frauen so ihre Erwartungen! Üppige Bedienungen im Dirndl auf dem Oktoberfest gelten als sehr attraktiv und begehrenswert. Sie sind in jedem Reiseführer zu bewundern. Hier sei vor allzu hohen Erwartungen diesbezüglich gewarnt. Deutsche Frauen sind meistens sehr figurbewusst und in einschlägigen Etablissements enttäuschen dann die willigen Damen leicht: „Too thin!"

keiten zu befürchten haben. Eventuell bietet man Gästen auch einen Konzert- oder Opernbesuch an. Tabledance-Etablissements oder Karaoke-Shows sind in der Regel nicht mehr Teil des deutschen Gastgeberprogramms. Männliche Gäste müssen diese Einrichtungen auf eigene Faust aufsuchen. Und Frauen dürfen nun „Kopfweh" haben.

Einer der Mittelpunkte des geselligen Lebens in Deutschland war schon immer der Paar-Tanz. Auf traditionellen Hochzeiten, (Haus-)Bällen und anderen Tanzveranstaltungen sind elegante Manieren und entsprechende Kleidung gefragt → *Dresscodes*

Für festliche Bälle gibt es umfassende Etiketteregeln. Auf den meisten Masken- und Faschingsbällen geht es jedoch entspannter zu.

80. Wohnen im Hotel

Seit 2002 darf man als Ausländer in China überall wohnen. Es gibt eine riesige Auswahl von günstigen Altbauwohnungen bis zu schicken Luxusappartements (von 1.000 bis 100.000 RMB Miete pro Monat).

Bei der Hotelauswahl gibt es eine ebenso große Palette an Möglichkeiten. Günstige Hotels (100 bis 400 RMB pro Nacht) sind zum Beispiel die Hotels der Gruppen Home Inn, Jin Jiang Inn, Hanting Express, 7 Days Inn, Motel 168 und Motel 268. In Xian gibt es neustens auch ein Kapselhotel. Dort kann man für ca. 8 Euro auf 2,5 Quadratmetern (120 cm breit, 210 cm lang und 125 cm hoch) ganz bequem schlafen. Ein Fernseher und kostenloses W-LAN gehören dazu. Für Schnarcher gibt es ein separates Abteil.

Achtung: Meistens geht es sehr lautstark in den Hotels zu und man unterhält sich auch bei offenen Türen mit seinen Zimmernachbarn.

In den 5-Sterne-Hotels und im Luxussegment werden alle Wünsche erfüllt. Besonders der Service wird großgeschrieben. Deutschland ist im Vergleich dazu eine Servicewüste.

Es gibt kleine Boutique-Hotels mit eigenem Pool und Wellness-Bereich, Private Butler im St. Regis Hotel Shanghai, private Anreise im Hubschrauber auf dem Peninsula Hotel Hongkong, 2.905 Suiten im Venetian Hotel Macao – um nur einige Besonderheiten zu nennen.

Die meisten Hotels sind großzügig ausgestattet und haben immer einen Wasserkocher, chinesischen Tee, Pantoffeln, eine große Auswahl an Badartikel und kostenloses W-LAN.

80. Wohnen im Hotel

Gegenseitige Rücksichtnahme ist immer dann besonders wichtig, wenn viele Menschen dicht beieinander sind. Das gilt besonders auch für Gästehäuser. Folgendes ist in deutschen Hotels erwünscht:

- Nur bei Zimmerlautstärke Musik hören und Fernsehen schauen

- Seine Wäsche nicht im Hotelzimmer waschen und trocknen – außer Badekleidung

- Getränke und Speisen im Hotel bestellen und nicht aus dem Supermarkt mit aufs Zimmer nehmen (ausgenommen Kleinigkeiten/Snacks ...)

- Nur Gegenstände einpacken, die im Zimmerpreis enthalten sind: kleine Kosmetikartikel, die nicht aufgebraucht wurden, und meistens auch die Pantoffeln

- Selbstverschuldete Schäden im Hotelzimmer sollten sobald wie möglich der Hausdame oder am *front desk* (Rezeption) gemeldet werden

- Beim Frühstück darf nach Herzenslust geschlemmt werden – für unterwegs wird nichts vom Buffet eingepackt. Aus der Obst- oder Bonbon-Schale an der Rezeption darf sich jeder bedienen. Viele Hotels geben auch gerne ein Lunchpaket mit, wenn darum gebeten wird.

Die Bundesbürger sind in Europa Spitzenreiter im Reisen (weltweit auf Platz zwei nach China). Standardmäßig darf ein Werktätiger 30 Tage bezahlten Urlaub nehmen, dazu kommen viele deutsche Feiertage. In 2013 haben laut einer Studie 57 % der Befragten eine Reise über fünf Tage oder länger unternommen, ein Zuwachs von 7 % seit 2008.

81. Toilettenkultur

Das stille Örtchen in China wird auch *Halle der inneren Harmonie* genannt, von Stille und Harmonie kann aber nicht die Rede sein, sondern es erwartet einen eher ein kollektives Geruchserlebnis. Meistens gibt es eine lange Warteschlange und ausgeprägten Gestank. Auf dem Land lässt die Toilettenkultur besonders zu wünschen übrig. Traditionell hatte man Erdlöcher mit ein paar Brettern darüber. Die öffentlichen Toiletten haben meist nur eine lange offene Rinne für Männer und Frauen, an der sich niedrige Trennwände (max. 50 cm) und niedrige Schwenktüren befinden. Wenn man Glück hat, gibt es eine automatische Wasserspülung entlang der Rinne oder einen Eimer mit Wasser. Oft fehlen aber die Türen, manchmal auch die Trennwände. Eine andere Variante sind abgeteilte Toiletten mit einem Loch im Boden und einem Tritt rechts und links davon, mit einer Schnur für die Spülung und einem Eimer für das Toilettenpapier und die Hygieneartikel.

Das sollte man immer dabei haben: Taschentücher als Toilettenpapier, Feuchttücher, Desinfektionsmittel und ein Kosmetiktuch, um die Nase vor dem Gestank zu schützen.

> **Wichtig:** Prägen Sie sich diese chinesischen Zeichen für Damen (女) und Herren (男) ein, um den Tempel der Harmonie nicht zu verwechseln.
>
> Bei westlichen Toiletten, bitte den Deckel immer schließen! Nach Feng Shui würde bei offenem Toilettendeckel sonst das Geld weggespült.

Doch mittlerweile hat sich einiges getan, um die Hygienestandards zu verbessern. Es gibt sogar einen ein Toilettenbeauftragten in der Regierung und in manchen Provinzen. In den meisten Großstädten, westlichen Restaurants und Hotels hat es natürlich westliche Sitztoiletten. In Peking werden die Toiletten mit Sternen – wie Hotels – ausgezeichnet, die 4- oder 5-Sterne-Toiletten sind natürlich besonders zu empfehlen. Übrigens dürfen sich nach einer neuen Regel nur drei Fliegen pro Quadratmeter auf einem öffentlichen Klo befinden und es darf nur noch *leicht riechen*.

81. Toilettenkultur

Ein WC sollte man so verlassen, wie man es selbst vorfinden möchte. Also picobello. Die Toilettenbürste *darf* von jedermann benutzt werden. Neckische Schildchen mahnen an vielen Örtchen Deutschlands: *Hier pinkelt man/n im Sitzen* (und nicht im Stehen.) Diese Sitzkultur für Männer ist dort verbreitet, wo viele Frauen das Sagen haben.

Manch einer, der als Gast in Deutschland ist, beklagt allerdings den Zustand der zum Teil veralteten öffentlichen (und betrieblichen) Toiletten. Hier steht man endlos an und dann wird einem auch noch Geld fürs kleine Geschäft abgeknöpft! Kleingeld (20 bis 50 Cent) ist erforderlich, um öffentliche Toiletten benutzen zu können. Auf Bahnhöfen oder Autoraststätten müssen oft Schranken mit Münzen entsperrt werden, um eintreten zu können. Vielerorts möchten Toilettenfrauen oder -männer ein kleines Servicegeld, dafür steht ein Teller bereit (20 Cent bis 1 Euro).

Und was erledigt man besser im Vorraum des WCs und lieber *nicht* in Gesellschaft? Mit dem Zahnstocher hantieren, Insulin spritzen, Make-up erneuern, Lippenstift auftragen ...

82. Fotografieren

Das Fotografieren von Gästen während eines Geschäftsessens gehört immer dazu. Chinesen lieben es zu fotografieren, alle wichtigen Momente müssen auf Fotos festgehalten werden. Dabei ist es wichtig, dass Chinesen immer selbst mit auf dem Bild sind, um zu beweisen, dass sie auch wirklich dort waren. Für das Fotografieren wird viel Zeit investiert, damit jeder im perfekten Licht steht und seine beste Seite zeigen kann. Schließlich findet das Foto daheim einen Ehrenplatz und das Ansehen und die Würde einer Person wird damit präsentiert. Gruppenfotos mit ausländischen Geschäftspartnern helfen auch, die Beziehung aufzubauen.

Bei einem geschäftlichen Besuch in China ist es ratsam, Fotos von der Firma, der Familie und den neuesten Errungenschaften mitzubringen. Diese dürfen dann auch mit Stolz präsentiert werden – Bescheidenheit ist bei Fotos fehl am Platz.

Achtung: Vorsicht bei militärischen Anlagen und manchen Tempeln – dort ist das Fotografieren verboten. Falls Sie fremde Personen fotografieren möchten, fragen Sie bitte vorher höflich um Erlaubnis.

82. Fotografieren

Ist der Deutsche auf Reisen, fotografiert er sehr gerne. Dabei ist oft nicht so wichtig, dass er selbst mit auf dem Bild ist. Entscheidend ist, die Sehenswürdigkeit möglichst in Postkartenqualität festzuhalten, ohne große Menschenmassen. Wenn er jedoch ein Porträt anfertigt, so fotografiert er diese Person aus der Nähe. Alle ihre Gesichtszüge müssen erkennbar sein.

Da man in Deutschland Geschäftliches und Privates gerne trennt (→ *Freundschaften*), ist es eher unüblich, sich gegenseitig Privatfotos zu zeigen – es sei denn, die Geschäftspartner kennen sich schon sehr gut. Beim Präsentieren der Fotos ist dann aber Bescheidenheit angesagt. Protziges Gehabe kommt nicht gut an.

Fotografieren darf man in der Bundesrepublik Deutschland im Grunde alles, auf dem nicht explizit *Fotografieren verboten* steht. Möchte man Menschen oder in kleinen Geschäften fotografieren, fragt man vorher höflich um Erlaubnis.

83. Auto

Ausländer dürfen seit 2012 auch in China Auto fahren. Um den chinesischen Führerschein zu erwerben, benötigt man ein Antragsformular, seinen deutschen Führerschein, einen Gesundheitstest und einen theoretischen Test – und natürlich viel Geduld. Der theoretische Test beinhaltet 100 Multiple-Choice-Fragen aus einem Katalog mit 1.300 Fragen. Bei 90 % richtigen Antworten ist der Führerschein bestanden. Er kostet ca. 600 Euro und ist sechs Jahre gültig.

Hier ein Auszug (O-Ton!) aus dem original Fragenkatalog zum Üben:

Darf man barfuß mit nacktem Oberkörper Fahrzeuge fahren?
a.) Nein.
b.) Ja, aber nur in der Nacht.
c.) Ja, aber nur auf der Autobahn.

Zur Überwindung der Schläfrigkeit beim Fahren
a.) soll man Fahrzeuge anhalten und eine Pause machen oder aussteigen und den Körper wieder gelenkig machen.
b.) soll man reden.
c.) soll man rauchen.

Wenn Fahrzeugfahrer bei Fahren spucken will,
a.) kann er über den Fenster auf die Straße spucken.
b.) soll er in Papierabfall spucken und nach dem Parken diesen Papierabfall in Müllkasten wirft.
c.) kann er auf den Boden des Fahrzeugs spucken.

Vorsicht: Das Autofahren ist in China absolut chaotisch, da sich kaum jemand an die Verkehrsregeln hält. Alle fahren kreuz und quer durcheinander. Taxifahren ist einfacher, günstiger und weniger nervenaufreibend.

Normalerweise werden Gäste mit einem Firmenwagen und Chauffeur vom Flugplatz und Hotel abgeholt und auch wieder zurückgebracht. Gastfreundschaft und Service sind oberstes Gebot! Falls man selbst anreist, sollte man ein Taxi nehmen und keine öffentlichen Verkehrsmittel, sonst sieht man nicht wichtig genug aus.

In China sind die Sitze hinten großzügiger und bequemer ausgestattet als der Fahrersitz, da der Ehrengast es angenehmer haben soll als der Chauffeur. Der wichtigste Gast sitzt hinter dem Beifahrersitz, der zweitwichtigste hinter dem Fahrer. Falls der Gastgeber selbst fährt, sollte der Ehrengast natürlich vorne sitzen, um sich besser unterhalten zu können.

Im Taxi sitzt derjenige auf dem Beifahrersitz, der die Rechnung bezahlt. Taxifahren ist sehr günstig, doch sprechen wenige Fahrer gutes Englisch. Deshalb sollten Ausländer immer eine Visitenkarte vom Hotel oder der Geschäftsadresse dabeihaben.

Bei Verletzung von Bauch, wenn Dünndarm vorgefallen ist, soll man
a.) Dünndarm in Bauch zurücklegen.
b.) Wunde nicht behandeln.
c.) Dünndarm nicht in Bauch zurücklegen. Die Wunde soll mit Schüssel oder Büsche zugedeckt und mit Tuch verbunden werden.
Ich denke, Sie wissen die Antworten!

Vorsicht: Benutzen Sie bei der Ankunft auf dem Flugplatz nur offizielle Taxis und keine privaten Taxis. Bestehen Sie auf das Einschalten des Taxameters.

Oft gibt es Bildschirme in der vorderen Kopflehne, die Sie mit chinesischer Werbung berieseln. Gerne dürfen Sie diese abschalten.

Kräftiges und regelmäßiges Hupen ist normal. Dies dient zur Kommunikation und Stressbewältigung.

83. Auto

Für die Sitzordnung im Auto gibt es einige Regeln, die nachvollziehbar sind: Bei Dienstfahrten mit Fahrer sitzt der offizielle Ehrengast hinten rechts, also hinter dem Beifahrersitz, um mit dem Fahrer kommunizieren zu können. Der zweithöchste Fahrgast nimmt hinten links Platz, der dritte neben dem Fahrer.

Fährt der Einladende selbst, sitzt der ranghöchste Gast neben ihm, denn man unterhält sich mit dem Sitznachbarn angenehmer als mit dem, der nur im Rückspiegel zu sehen ist.

Fährt die Geschäftsgruppe mit dem Taxi, dann sitzt im Normalfall derjenige neben dem Fahrer, der die Fahrt bezahlt, denn er hat das Taxameter im Auge. Das muss nicht zwingend der Gastgeber sein.

Fahrten mit dem Taxi sind relativ teuer in Deutschland. Zu vielen Gelegenheiten ist es sinnvoll, schon vorab ein Taxi zu bestellen. Bei längeren Fahrten kann manchmal ein Preis ausgehandelt werden.

Männer *dürfen* Frauen immer noch beim Ein- und Aussteigen behilflich sein – eine schöne Geste. Aber meistens ist SIE schon in der *Vertikalen,* bevor ER überhaupt daran denkt!

Es ist wichtig, sich in Deutschland an die Straßenverkehrsordnung *StVO* zu halten. Bei Zuwiderhandlung riskiert man Bußgelder und Führerscheinentzug. Wichtige Beispiele:

- Rücksichtsvolles Fahren, um Unfälle und Gefahren zu vermeiden

- Es wird auf der rechten Seite gefahren – der Seitenstreifen gilt nicht als Fahrbahn

- Zulässige Geschwindigkeiten sind unterschiedlich geregelt – man passt sich Wetter- und Sichtverhältnissen an

- Die prinzipielle Vorfahrtsregel lautet rechts vor links, überholt wird links, falls es erlaubt ist

- Wer an einem Unfall beteiligt ist, hat sofort anzuhalten, den Unfallort zu sichern und Verletzten erste Hilfe zu leisten

- In Deutschland gilt eine Alkoholpromillegrenze von 0,5 Promille

- Wer ein Auto fährt, muss einen gültigen Führerschein haben

- Jeder Insasse im Auto muss angeschnallt sein

- Nähert sich ein Feuerwehrfahrzeug oder ein Rettungswagen mit eingeschaltetem Signal, muss versucht werden, diesem Fahrzeug Platz zu machen! Niemand soll sich jedoch dadurch selbst in Gefahr bringen.

84. Todesfall

"Leuchtende Tage. Nicht weinen, dass sie vorüber.
Lächeln, dass sie gewesen!"
(Konfuzius)

Bei einem Todesfall kümmert sich normalerweise der älteste Sohn um alles. Er benachrichtigt auch die Familienmitglieder, Bekannte und Kollegen. Es ist nicht üblich, über seine Gefühle ausführlich zu reden. Bei Trauer und Totenwache wird jedoch lautstark geweint und gewimmert. Ein typisches Totenmahl hat sieben Gerichte und die Trauerzeit beträgt mindestens 49 Tage (= 7 x 7). Die Tradition besagt, dass die Seelen nach sieben Tagen wieder nach Hause zurückkehren. Während der Trauerzeit, die bis zu 100 Tage dauern kann, gibt es bestimmte Regeln für die Hinterbliebenen (zum Beispiel keine rote Farbe tragen, nicht die Haare schneiden). Die Rituale richten sich auch nach dem Alter und Status des Verstorbenen. Bei der Trauerfeier gibt es eine Schale/Box für Geldgaben und die Gäste machen der Familie des Verstorbenen Geldgeschenke.

Die Verehrung der Vorfahren ist wichtig. In vielen Wohnungen gibt es einen Ahnentempel mit Bildern der Verstorbenen. Durch Darbietung von Opfergaben kann man wieder Kontakt zu den Verstorbenen aufnehmen. Feuerbestattungen sind üblich und liegen bei ca. 53 %. Friedhöfe befinden sich meistens auf Hügeln oder Bergkuppen mit schöner Aussicht.

Wenn ein Geschäftspartner stirbt, ist ein Kondolenzschreiben angebracht. Falls ein Mitarbeiter in einem Unternehmen stirbt, wird manchmal Geld für die Hinterbliebenen gesammelt. Die Rituale sind jedoch nach Region unterschiedlich.

84. Todesfall

Der Kunde sendet morgens per E-Mail eine Terminabsage wegen eines Trauerfalls. Was ist zu tun? Streng genommen kondoliert man nicht per Mail und schon gar nicht per SMS. Hier geht es jedoch nicht anders. Ein Anruf würde den Trauernden unter Umständen überfordern. Manchmal müssen die Umgangsformen angepasst werden – die Terminabsage wird also bestätigt und gleichzeitig wird auch Beileid per E-Mail ausgesprochen.

Stirbt ein Firmenangehöriger, schaltet die Personalabteilung eine stilvolle, würdigende Todesanzeige in den örtlichen oder/und überregionalen Tageszeitungen. Der direkte Vorgesetzte und der Personalchef schreiben schnellstens einen Kondolenzbrief an die Hinterbliebenen auf schlichtem weißem Papier. Geschäftspapier mit Bankverbindung usw. ist stillos. In vielen Unternehmen gibt es spezielles Papier mit dem Logo als *Blindprägung*. Der schwarze Rand gehört nur zu der Traueranzeige und der Danksagung, geht also aus dem Trauerhaus heraus und nicht hinein. Der Brief sollte keinesfalls durch die Freistempelmaschine des Unternehmens laufen, sondern mit Briefmarken eigens frankiert werden.

An der Beisetzung nehmen sowohl der (unmittelbare) Vorgesetzte sowie Kollegen in möglichst dunkler Kleidung teil. Auch wenn manche Menschen in Schwarz aussehen, als hätten sie einen schweren Vitaminmangel, *dunkel* ist nun mal die richtige Wahl für Gäste einer Beisetzung in Deutschland. Im Übrigen beachtet man die Wünsche der Angehörigen in Bezug auf die Trauerfeier.

VII. Business-Spielregeln

85. Deutsches Vorbild

Chinesen schätzen vieles an deutschen Verhandlungspartnern und bewundern besonders deutsche Verlässlichkeit, Ehrlichkeit und Effizienz. Deutsche Produkte haben immer noch einen hohen Stellenwert. Das Label *Made in Germany* ist begehrt. Deshalb wird gerne mehr Geld für ein Produkt ausgegeben, das in Deutschland hergestellt wird, als für genau das gleiche Produkt *Made in China*.

Deutsche Genauigkeit, detailliertes Arbeiten, hohe Qualität, Technologie und Innovation werden immer noch als Vorbild gesehen. Doch Vorsicht: Chinesen sind sehr wissbegierig und lernen schnell!

85. Deutsches Vorbild

Mehrheitlich möchte man in den asiatischen Ländern auch mit Deutschland Geschäfte machen, um die Dominanz von amerikanischen oder japanischen Anbietern zu relativieren. Im Vergleich zu manchen amerikanischen oder südeuropäischen Geschäftspartnern erleben Asiaten Deutsche sehr oft als zurückhaltend und ruhig in ihrem Auftreten. Dies entspricht eher dem asiatischen Ideal eines gut erzogenen und gebildeten Menschen.

Gerade in der Automobilindustrie werden Deutsche als zuverlässige, verständnisvolle Kooperationspartner gesehen, von denen man lernen kann.

Der typische Deutsche ist in chinesischen Augen auf alles vorbereitet, was je passieren könnte. Er plant bis ins kleinste Detail. To-do-Listen helfen ihm dabei. Aber vor allem: es macht ihn glücklich, diese abzuhaken! Die Done-List als Belohnung steigert die Produktivität!

Moniert wird oft, dass sich der Austausch zwischen China und Deutschland zu sehr auf die Wirtschaft beschränkt: Maschinenbau, Autoindustrie und allenfalls noch das Oktoberfest. 2012 ist ein wichtiger Bereich dazugekommen, wo's bestimmt lockerer zugeht: der FC Bayern München Fanclub in Peking.

86. Business-Spielregeln

Geschäfte in China funktionieren oft wie ein chinesisches Schachspiel, dabei gibt es bestimmte Aufgaben für alle Personen im Spiel, viele komplizierte Spielregeln und natürlich das Ziel jedes Spiel zu gewinnen.

Wichtiger als das Ziel ist jedoch der Weg, um dorthin zu gelangen. Schon Konfuzius wusste: *Der Weg ist das Ziel.* In China kommt man zum Ziel, wenn man diplomatisch und strategisch vorgeht. Nur ein strategischer Geschäftsmann ist auch ein erfolgreicher. Die wichtigsten Spielregeln für die Geschäftsdynamik sind Guanxi (= Beziehung), Gesicht, Harmonie, Hierarchie und Strategie.

86. Business-Spielregeln

Deutsche Geschäftsleute möchten genau wie ihre chinesischen *Mitspieler* ans Ziel kommen. Und dies auf dem schnellstmöglichen Weg. Deutsches Sicherheitsbedürfnis verlangt nach strategischem Denken, präziser Planung und Organisation sowie Termineinhaltung.

Es wird das Leitbild des schlanken Unternehmens propagiert, in dem Mitarbeiter auf allen Ebenen eigenverantwortlich und flexibel agieren – vielfach noch ein Wunschdenken. Den Führungskräften wird oft (noch) formelles und distanziertes Auftreten attestiert und in Bezug auf neue Geschäftsmodelle gelten sie als eher unflexibel.

87. Guanxi (= Beziehungen)

Vieles in China ist auf Beziehungen aufgebaut und spielt privat wie im Geschäftlichen eine wichtige Rolle. Auf Deutsch heißt es Vitamin B (= Beziehungen), auf Englisch Vitamin C (= connections) und auf Chinesisch *guanxi*. Das Wort *guanxi* bedeutet so viel wie *durch das Tor gehen* und *eine Verbindung eingehen,* doch die wahre Bedeutung ist viel komplizierter und facettenreicher. Früher waren Beziehungen lebensnotwendig, und wenn eine Person erfolgreich war, haben alle in ihrem Beziehungsnetzwerk davon profitiert. Heute ist das nicht mehr lebensnotwendig, aber immer noch stark verbreitet. Da durch die Globalisierung die Gesetze noch nicht so stark verankert und interpretationsfähig sind, muss man oft Beziehungen einsetzen, um rechtliche, politische und wirtschaftliche Lücken auszugleichen. Man sollte so viel wie möglich Kontakte knüpfen.

Das Beziehungsgeflecht in China ist am stärksten in der Familie und breitet sich dann aus über Freunde, Schule, Arbeit bis hin zur Dorfgemeinschaft. Die Mitglieder eines Netzwerks helfen sich, indem sie Gefälligkeiten austauschen. Dadurch entsteht dann eine gegenseitige Verpflichtung (= renqing), die bis zu einer lebenslangen Schuld anhalten kann. Um Gefälligkeiten und Vorteile in China zu erhalten, wird oft noch die Hintertür benutzt. Dort erhält man Privilegien, wie zum Beispiel Termine bei potenziellen Kunden oder Behörden, *ausverkaufte Tickets,* sowie Empfehlungsschreiben und Austausch von wichtigen Informationen.

Da der Aufbau von Beziehungen viel Zeit und Vertrauen benötigt, ist es empfehlenswert, dass man die Kontaktpersonen (oder lokale Manager) nicht zu oft wechselt. Außerdem werden bei der Personalsuche und Auswahl auch oft die Beziehungen, die diese Personen mitbringen, berücksichtigt.

Achtung: Kunden sind oft an die Person gebunden und werden bei einer Kündigung einfach der Person folgen, egal wie gut die Produkte oder Dienstleistungen des neuen Arbeitgebers sind.

87. Sachorientierung

In der westlichen Vorstellung gilt die Welt als einigermaßen statisch und stabil. Das westliche Denken ist wohl durch den analytischen Denkstil griechischer Philosophen wie Aristoteles geprägt. Er sah den Menschen als abgekapselte Einheit. Noch heute empfindet sich jeder vor allem als unabhängiges Individuum. Man hat eigene Wünsche und Pläne, die man auch gegen die Interessen anderer Leute durchsetzen darf. Die Argumentation ist dann zielstrebig, Schwachstellen werden offen benannt. Auch ist der Wunsch nach Kontrolle unglaublich groß. Und dann naturgemäß das Dilemma, wenn die Kontrolle einmal vollkommen verloren gegangen ist! Deutschland, das Land der Pünktlichkeit, Wertarbeit und Disziplin, ist weltweit blamiert, wenn beispielsweise das Berliner Prestigeprojekt Hauptstadtflughafen nicht rechtzeitig fertig wird.

Die Sache an sich ist für Deutsche der Hauptaspekt, weswegen zum Beispiel an einem Projekt gearbeitet wird. Die Teammitglieder müssen sich nicht unbedingt sympathisch sein. Sachliches Verhalten wird mit Professionalität gleichgesetzt. Vor allem die Fachkompetenz der Beteiligten zählt. Dann ist der Deutsche bereit, sich unterzuordnen. *(Bilden sie etwa deswegen so phantastische Musik-Orchester?)* Der häufigste deutsche Irrtum ist, dass allein die hohe Zufriedenheit auf der Sachebene bei Geschäftskontakten genügt! Geschäftspartner aus anderen Kulturen werfen Deutschen vor, nur am Geschäft interessiert zu sein, weil die Beziehungsebene häufig vernachlässigt wird.

Aber trotz allem, Netzwerke und *Guanxi* sind in Deutschland ebenfalls sehr wichtig. Es gibt allerdings klar definierte Grenzen: Kaum jemand wird Regeln außer Acht lassen oder brechen, nur weil einer die besseren Beziehungen hat. Allenfalls kann man gewisse Vorzüge/Präferenzen im Entscheidungsspielraum des jeweiligen Kontakts erreichen.

88. Gesicht

„Menschen brauchen ein Gesicht, Bäume eine Rinde."
(Chinesisches Sprichwort)

Beziehungen (= guanxi) und Gesicht (= mianzi) sind die zwei wichtigsten kulturellen Werte in China, die bis heute eine große Rolle spielen. Gesicht bedeutet so viel wie *Prestige, Status, Respekt, Selbstachtung* und *persönliche Würde*. Gesicht erhält man einerseits durch seine Position, Qualifikation, Einkommen und die Beziehungen, die man besitzt. Andererseits kann man auch Gesicht geben, nehmen oder verlieren, was natürlich auch direkten Einfluss auf die Familie und auf das Unternehmen hat.

Zum Beispiel kann man Gesicht geben durch Höflichkeit, Lob, Geschenke und Einladungen oder indem man Verantwortung für Fehler eines anderen übernimmt. Auch wenn Gesicht nicht immer öffentlich und direkt praktiziert wird, haben Chinesen ein sehr gutes Gefühl und Verständnis dafür. Gesicht dient auch zum Beziehungsaufbau und hilft, Geschäfte harmonischer und einfacher durchzuführen.

Besonders wichtig ist es, dem Vorgesetzten Gesicht zu geben. Wann immer ein Projekt gut gelaufen ist, sagt man dann in China: „Unter der guten Führung unseres Managers haben wir das erreicht." Dieser Satz wird fast schon als Standardfloskel angewandt, dabei hat der Manager oft nichts zu dem Projekt beigetragen. Hauptsache, er ist der Boss und erhält dafür Gesicht. Diesen Satz darf man natürlich nicht anwenden, wenn etwas Negatives vorgefallen ist.

88. Objektivität, Direktheit, Wahrheit

Was wird nicht alles im Unternehmen optimiert: Produkt, Leistung, Struktur und Prozess. Alles soll gesteuert werden. Doch das Züngkein an der Waage spielt am Schluss etwas Weiches – die Freundlichkeit, die Soft Skills. In den letzten 20 Jahren wurde erkannt, dass gute Umgangsformen nicht nur die Zusammenarbeit erleichtern, sondern geradezu einen wichtigen Marktfaktor und Wettbewerbsvorteil darstellen. Wer sie nicht besitzt, ist auch bei eindeutiger Fachkompetenz im Nachteil. Takt, Höflichkeit und Fingerspitzengefühl, psychologisches Einfühlungsvermögen und inspirierende Menschenführung zählen inzwischen zu den wichtigsten Voraussetzungen für eine erfolgreiche (internationale) Karriere. Damit steigt zugleich auch die eigene Lebensqualität.

Auch wenn der Bundesbürger sich um einen sympathischen Umgangston bemüht, werden oft Geschäftspartner aus anderen Kulturen durch die strikte Trennung der verschiedenen Lebensbereiche der Deutschen vor den Kopf gestoßen. Bei der Arbeit ist der Deutsche eher neutral, distanziert und kommt dadurch schnell schlecht gelaunt und steif daher. Er agiert so, wie es seine Rolle in der jeweiligen Situation vorsieht. Wer Hilfe oder Informationen braucht, muss selbst die Initiative ergreifen. Für viele ausländische Geschäftspartner ist dies eine Enttäuschung. Engerer Kontakt entsteht so nicht. Aber eigentlich will der Deutsche im Job durch das Einhalten aller Standards lediglich erreichen, dass die Kooperation mit den ausländischen Geschäftspartnern gut läuft.

Zu verstehen ist diese Handlungsweise so: Das amerikanische Anthropologen-Paar *E.T. Hall* und *M. Reed Hall* fanden heraus, dass in Deutschland ein eher schwacher Informationsfluss herrscht. Die Flut von Detailinformationen muss in der Kommunikation vom Einzelnen zum Allgemeinen hinführen. Dafür müssen Unmengen von Informationen geordnet werden. Dabei wird sorgfältig geplant, um Störungen und Informationsverluste zu vermeiden. Bis die Botschaften stark aufbereitet und formell sind, bedarf es hoher Konzentration, wofür man sich räumlich und zeitlich gegen andere abschirmt. Geschlossene Türen können das Resultat sein.

Dem Partner oder seinen Kindern einmal den eigenen Arbeitsplatz zeigen – das würden viele Arbeitnehmer gerne tun. Nicht in jedem Fall aber ist das unproblematisch. Schon aus Gründen der Arbeitssicherheit geht das nicht einfach so. In großen Unternehmen werden Betriebsführungen angeboten oder der jährliche Familientag kann dafür genutzt werden.

89. Harmonie

China ist zwar eine kollektive Gesellschaft, in der das Wohlergehen der Gruppe eine wichtige Rolle spielt. Doch dies gilt hauptsächlich für die Gruppe der Familie. Im Business herrscht eher eine individualistische Kultur, wo nur die eigene Karriere und Geld eine Rolle spielen. Ein Manager ist sich selbst oft der Nächste und Wichtigste. Dies hat wohl ihre Gründe in der Kulturrevolution, in der Nachbarn gegeneinander aufgehetzt wurden. Außerdem werden durch die Ein-Kind-Politik heutzutage die Jungen wie kleine Kaiser gehandelt.

Vorsicht: Bei allen Sachen, die nicht erwähnt werden oder die man nicht gezeigt bekommt, gibt es meist Probleme. Bei einer Bestellung von Stofftaschen wurden zum Beispiel die Henkel nicht erwähnt und somit auch nicht geliefert. Bei einer Fabrikbesichtigung werden manche Produktionshallen geschlossen oder bestimmte Materialien oder Produkte am Tag der Besichtigung versteckt.

Schon Deng Xiaoping sagte: „Reich werden ist glorreich." Endlich kann man sich etwas leisten und zeigen, dass man besser und anders ist als die Masse.

Das Gesicht zu wahren ist aber immer noch eine wichtige Spielregel und bedeutet auch, die Harmonie aufrechtzuerhalten. Die harmonische Geschäftsbeziehung ist das Ziel und eine wichtige Voraussetzung für langfristigen Erfolg. Dabei soll niemand das Gesicht verlieren und es soll weder Gewinner noch Verlierer geben. Am besten sind Win-Win-Situationen, und am Ende haben immer beide Parteien recht. Chinesen erreichen dies oft durch indirekte und höfliche Kommunikation. Es wird alles sehr positiv beschrieben, negative Dinge werden einfach weggelassen.

Harmonie zu wahren ist wichtiger, als Fehler zuzugeben. Fehler werden in China leider oft vertuscht, nicht zugegeben oder es werden Ausreden erfunden. Denn: Wer Fehler zugibt, wird schuldig. Schuld kann man in Deutschland zugeben und dann vergeben und vergessen. Aber in China bedeutet das Zugeständnis von Fehlern Schande. Und Schande ist nicht wieder gutzumachen. Deshalb ist es wichtig, Harmonie zu wahren, Fehler nicht direkt und öffentlich anzusprechen. Lieber eine Lösung finden und Kompromisse schließen. → *Kritik*

„*Löse das Problem, nicht die Schuldfrage.*"
(Chinesisches Sprichwort)

89. Individualismus

Das Gedanken- und Wertesystem des Individualismus stellt das Individuum in den Mittelpunkt der Denkweise. Persönlichkeit, Unabhängigkeit und Privatsphäre des Einzelnen haben einen hohen Stellenwert und die Bindung zwischen den Individuen ist locker. Jeder trägt Sorge für sich und seine unmittelbare Familie.

Westliche Kinder werden schon früh zur Selbstständigkeit erzogen → *siehe Hierarchie – flach*. Kreativität und Eigeninitiative werden gefördert. An Hochschulen

wird viel Wert auf eigenständiges Arbeiten gelegt. Das hat allerdings den Nachteil, dass Studierende zunehmend die Anonymität an großen Universitäten beklagen und sich für kleinere, kostenpflichtige Privathochschulen entscheiden, weil sie dort mehr Flexibilität und Aufmerksamkeit durch ihre Professoren erleben.
Westliche Frauen kämpften jahrzehntelang für ihre Selbstverwirklichung *(Befreiung von Zwängen)*.

Das Ich-Bewusstsein ist in Europa sehr ausgeprägt. Man mag den spezifischen Wettbewerb im Job und die Beförderung nach Leistung. Die Mitarbeiter vertreten ihre Interessen selbst und wissen, dass Spitzenleistungen oft besser im Team erbracht werden können. Und dabei gilt das Wohl aller als Ziel.

90. Hierarchie

Die Hierarchie sollte immer streng beachtet werden. Meistens ist die hierarchische Ordnung steil und klar definiert und jeder hat seine Position und Aufgabe. Dabei werden Aufgaben ganz oben verteilt und dann nach unten weitergegeben. Wenn die Aufgabe erledigt ist, wandert sie wieder auf der Hierarchieleiter von unten nach oben. Es ist wichtig, dass jede Person in der hierarchischen Ordnung ihre eigene Deadline hat und noch etwas ändert, bevor sie die Aufgabe weitergibt – ansonsten hat man das Stigma des *Postboten*. Natürlich darf dabei keine Person in der Hierarchie übersprungen oder hintergangen werden. Es schickt sich auch nicht als Manager, direkt die Fabrikarbeiter zu beauftragen oder zu korrigieren – alles muss immer über die nächste Rangordnung laufen. Viel Geduld und Zeit sind so vonnöten.

Die höchste Person in der Hierarchie hat hohes Ansehen, meistens ein hohes Alter und viel Erfahrung. Diese Person trifft dann immer die letzte Entscheidung. Deshalb ist es wichtig, diese Person ausfindig zu machen, um dann eventuell Einfluss auf die Entscheidungen zu haben. Meistens ist diese Person aber nicht bei einer Besprechung dabei und kommt nur dazu, wenn es absolut wichtig ist oder kritisch wird. Man könnte diese Person auch als den *höheren Gott* des Unternehmens sehen. Es gibt eine *Höhere-Gott-Theorie*. Die *Götter* beider Firmen treffen sich nur zum Vertragsabschluss oder bei unlösbaren Problemen. Dies darf allerdings nicht zu oft geschehen, denn sonst sind sie keine *Götter* mehr!

Die Hierarchie zeigt sich auch an der Größe des Büros, des Schreibtischs und der Höhe des Bürostuhls. Die Büromöbel werden genau auf die Position abgestimmt und dürfen an Größe, Preis und Material nicht die des Vorgesetzten übertreffen. Der Besitzer und CEO hat natürlich das größte Büro und den höchsten Stuhl. Dies ist in Deutschland auch noch anzutreffen.

90. Hierarchie

In Deutschland ist das Hierarchiebewusstsein nicht so stark ausgeprägt wie in China. Die Fähigkeit, selbstständig zu handeln und zu arbeiten, ist dagegen eine Kernkompetenz in deutschen Unternehmen. Manche junge Firmen sind sogar stolz darauf, sehr flache Hierarchien zu haben. Aber natürlich lebt auch der Westen in Hierarchien, ob er das will oder nicht. Hierarchien geben ein Gefühl von Identität und Zugehörigkeit. Das ist sowohl für das Individuum als auch für die Gruppe wichtig. Hierarchien geben dem Leben Struktur. Und sie bescheren oft auch ein großartiges Büro mit zeitgenössischer Kunst und vielen Fenstern, einem luxuriösen Bad, einem eigenen Fahrstuhl ungebremst auf die Chefetage, dazu noch einen Firmenwagen mit eigenem Parkplatz sowieso. Und herrlich unkompliziert kann dann wiederum mit Industriebossen oder hochrangigen Politikern gemeinsam im gerade angesagten Restaurant gespeist werden.

Ältere Mitarbeiter genießen nicht unbedingt den Respekt der jüngeren. Ein junger Mitarbeiter kann bereits Abteilungsleiter sein, und ihm können ältere Mitarbeiter untergeordnet sein. Mit Alter verbindet man nicht automatisch Erfahrung, und mit dem Alter wächst auch nicht zwangsläufig die Entscheidungsbefugnis. Im Gegenteil: Je jünger ein Mitarbeiter, desto dynamischer und innovativer erscheint er. Es kann in Deutschland also durchaus vorkommen, dass man auf recht junge Führungskräfte trifft, die entscheidende Verhandlungen führen dürfen.

Dies ist im Westen ein gravierender Unterschied zu Konfuzius' alter Lehre, in der jedes Mitglied der Gesellschaft eine bestimmte Rolle übernimmt, die von Alter und Erfahrung geprägt ist. Jeder Mitarbeiter sollte sich seiner Position entsprechend verhalten, um Ordnung und Harmonie in diesem Umfeld nicht zu stören.

Durch den demografischen Wandel (Ältere gehen später in Rente, die Jungen fangen früher an zu arbeiten) haben Jung und Alt länger miteinander zu schaffen. Das Wertesystem der nach 1980 Geborenen (*Millennials* oder *GenY*) ist anders als das ihrer Vorgängergeneration. Sie verlangen Sinnhaftigkeit in ihrer Arbeit, verstehen also das Gefordert-Sein als wichtiges Jobmerkmal und möchten Beruf und Privatleben dauerhaft in Einklang bringen. Darüber hinaus erwarten sie – selbst sehr leistungsbereit – schnelle Gegenleistung und Anerkennung. Nach ihrem Rollenverständnis wünschen sie sich einen Chef mehr als Coach denn als Vorgesetzten, soll er doch permanent Feedback geben und auf Augenhöhe mit ihnen kommunizieren. Das sind sie von Kindesbeinen an gewöhnt (Elternhaus, Schule ...). Die nach 1980 Geborenen scheinen keineswegs unverschämt in ihren Forderungen, nur anders sozialisiert. Ein Arbeitgeber ist gut beraten, wenn er für ein Klima gegenseitiger Wertschätzung aller Generationen sorgt, sei es mit Workshops, Infokampagnen, altersgemischen Teams oder Mentorenmodellen. Dabei sinkt auch der Krankenstand.

Tja, wie war das bei Konfuzius: Erfahrene Führungskräfte, die als väterliches Vorbild dienen, genießen generell die größte Autorität?

Wird jemand pensioniert, geht also in seinen *wohlverdienten Ruhestand,* so ist er meist von einem Tag zum anderen weg vom Fenster (außer dem Senior eines eigentümergeführten Betriebes). Menschen in Rente besuchen ihr Unternehmen meistens nicht mehr – sie sehen die anderen Pensionäre dann zur obligatorischen Rentner-Weihnacht.

„Alte Besen kehren gut."
„Einen alten Baum verpflanzt man nicht."
(Deutsche Sprichwörter)

91. Strategien

Die letzten Spielregeln der chinesischen Geschäftsdynamik sind Strategien und Taktiken. Der bekannteste Stratege war Sun Zi, der durch seine Erfahrung als General vor 2.500 Jahren das Buch *Die Kriegskunstregeln* geschrieben hat. Es geht darum zu siegen, ohne zu kämpfen. Ende des 16./Anfang des 17. Jahrhunderts wurden aufgrund der Kriegskunstregeln 36 Strategeme verfasst. Diese haben bis heute Einfluss auf Politik, Militär und Geschäfte.

Schon kleine Kinder lernen durch Gutenachtgeschichten und Videospiele ‚wie man siegt, ohne zu kämpfen. Hier ein Beispiel aus den 36 Strategemen: *Auf das Gras schlagen, um die Schlange aufzuscheuchen.* Dabei werden Gerüchte und Provokationen verbreitet, um zu testen, wie weit man den Geschäftspartner spontan aus der Fassung bringen kann. Deshalb ist es wichtig, sich sehr gut vorzubereiten, eine detaillierte Marktrecherche zu machen und sich genau zu überlegen, was das Ziel ist, wie man dort hinkommt und welche Alternativen es gibt. Verhandlungen sind immer besonders genau geplant und organisiert und jeder Teilnehmer hat eine Aufgabe und weiß, wann er etwas sagen muss. Dabei laufen Verhandlungen oft wie ein chinesisches Schachspiel ab, nur mit dem Unterschied, dass das Spiel vorher stundenlang geübt und einstudiert wurde. → *Verhandlungen*

91. Regeln, Zeitplanung

Ein Projekt/eine Sache wurde organisiert. Nun wird von allen Beteiligten erwartet, dass sie ihren Teil der Aufgabe korrekt erledigen. Oft ohne externe Kontrolle. Auftretende Schwierigkeiten müssen gemeldet werden, damit das System weiter funktioniert. Wenn jemand einen Fehler macht, wird er darauf angesprochen. *Ordnung muss sein.* Aber auch Sicherheit wird immer großgeschrieben – Deutschland ist eins der Länder mit den meisten Regulierungen und Versicherungen für und gegen fast alles! Auf der anderen Seite kümmern sich selbst Großunternehmen schon mal schlampig um ihre Datensicherheit.

Zeit ist ein wichtiges Thema für Deutsche. Zeit sollte man nicht einfach vergeuden, ein gutes Zeitmanagement wird als eine wesentliche Voraussetzung für effektives Handeln angesehen.

Bundesbürger organisieren ihr berufliches und privates Leben in Zeitplänen. Termine legen sie gerne im Voraus fest. Ist der Termin einmal vereinbart, ist er fixiert. Nachhaken und nochmalige Terminbestätigungen sind nicht unbedingt nötig. „Bitte rufen Sie mich an, Herr Zang." Bei einem vereinbarten Termin wird ein Rückruf in dieser Zeit erwartet. Abweichungen vom Zeitplan werden nur im Notfall akzeptiert und sind für unerfahrene *Verhandler* mit Chinesen kaum umsetzbar.

Es ist oft wenig Spielraum eingeplant. Deutsche nehmen es sehr genau mit der Zeit. Da heißt es oft: „Warten Sie schnell" (Wie geht das?), „Wir fangen pünktlich an und hören pünktlich auf".

Diese (unflexible) zeitliche Planung verhindert positive (und negative) Überraschungen und Spontanität. Absprachen mit Deutschen sind meist verlässlich. Selbst empfindet sich der Deutsche oft in einem Zeitkorsett: „Ich bin total im Stress" ist ein Lieblingssatz.

„Zeit ist Geld."
(Deutscher Spruch)

Übrigens: Die Deutsche Bahn. Kein Unternehmen wirbt so konsequent mit seiner Pünktlichkeit – und ist dabei so kolossal unpünktlich!

Und trotzdem kann man nicht gerade behaupten, dass Deutsche ein Volk in der superengen Zwangsjacke sind. Nach einer aktuellen Studie verschieben fast 50 % der Manager Deadlines und Meetings. Junge Leute erscheinen bei privaten Treffen oft zwischen

20 Minuten und einer Stunde nach dem vereinbarten Termin. Und manche Kollegen kommen grundsätzlich zu spät. Nach dem Motto: „Ich bin so wichtig, dass ihr ruhig ein bisschen auf mich warten könnt." Aber mal ehrlich – *Laissez-faire* können die Deutschen einfach nicht. Der großflächige Versuch ginge wohl auch daneben! Eigentlich sollte in einem modernen Unternehmen kein Anwesenheitskult herrschen. Es sollte nicht darauf ankommen, wie viele Stunden jemand präsent ist. Sondern darauf, was er leistet. Leider

Bundeskanzlerin Angela Merkel empfängt 2012 Chinas Regierungschef Li Keqiang. Man verplaudert sich – Li hat viel zu erzählen. Der nächste Termin soll im Schloss Bellevue beim Bundespräsidenten sein. 15 Min. über die Zeit! Li und Merkel schäkern noch ein wenig herum, bis bei Merkel die Ungeduld siegt. Sie tippt auf ihre Uhr und rollt mit den Augen. Aber harmonieren tun die beiden wohl doch.

wird in Deutschland aber oft genau geschaut, wie lange jemand in seinem Büro ist. Vor allem am Abend. Die Arbeit ist jedoch nicht mehr wert, wenn dafür die Freizeit geopfert wird. *Ein wahrer Spruch lautet:* wenn jemand sein Pensum im Beruf nicht in acht Stunden täglich packt, macht er was verkehrt. Acht Stunden kann man von 7 bis 16 Uhr arbeiten oder von 9 bis 18 Uhr. Aber anscheinend ist das nicht das Gleiche.

„Wer nicht kommt zur rechten Zeit,

muss essen, was übrig bleibt."

(Deutsches Sprichwort)

92. Schweigen

„Wenn das, was Du sagen möchtest,

nicht schöner ist als die Stille, dann schweige."

(Chinesisches Sprichwort)

Eine typische chinesische Strategie ist Schweigen. *Reden ist Silber, Schweigen ist Gold,* hat eine hohe Bedeutung. Meistens sind Chinesen sehr höflich, ruhig, zurückhaltend und können gut zuhören. Schweigen kann aber auch als Waffe eingesetzt werden. Bei Verhandlungen werden zum Beispiel Schweigepausen eingelegt, um zu überlegen oder um das Gegenüber aus der Fassung zu bringen. Da Deutsche schlecht Stille aushalten können, sind sie immer die Ersten, die diese brechen und dabei vielleicht ungewollt Informationen hergeben. Außerdem: wer nichts sagt, macht keine Fehler, übernimmt keine Verantwortung. Deshalb darf man gerne die Schweigepausen genießen, Tee trinken und abwarten. Die Stille kann auch indirekt ein Nein ausdrücken. → *Verhandlungen – Hauptteil*

92. Schweigen

Schweigen ist Silber, Reden ist Gold!

Viele Bundesbürger können in Verhandlungen keine Stille aushalten und werden dadurch schon nach wenigen Sekunden verunsichert. Zudem bedeutet Schweigen Zeitverschwendung.

Deutsche Geschäftspartner durchbrechen in interkulturellen Meetings meistens als Erste unruhig die Stille. Denn der Deutsche spricht gerne. Er ist stolz auf sein Wissen und sein technisches Know-how. Dies möchte er auch präsentieren. Probleme sind Herausforderungen, sie werden ausdiskutiert. Wenn die eigene Sichtweise dabei leidenschaftlich und auch etwas lautstark dargelegt wird – auch gut: damit wird Stärke gezeigt. Heiße Diskussionen über Dinge, die Konfliktpotenzial bergen, zeigen Interesse, Begeisterung und Lösungsbereitschaft. Und damit auch die eigene Wichtigkeit und den Wert des Themas. In Deutschland schafft Reden Klarheit! Das fördert aus deutscher Sicht die Effizienz. Und bringt damit jedoch oft das (asiatische) Gegenüber in Verlegenheit. Deutsche werden oft als zu drängend wahrgenommen.

Zu seiner Meinung darf man in Deutschland klar und deutlich stehen und diese auch direkt vertreten, nebst unangenehmer Fakten. In der angemessenen Form nimmt das niemand übel. → *Kommunikationsstil* → *Sprache*

93. Arbeitsstil

Wie der spiralförmige Ablauf einer chinesischen Verhandlung arbeiten Chinesen oft auch gleichzeitig an mehreren Aufgaben oder Projekten. Falls eine neue Aufgabe verteilt wird, widmet man sich erst mal dieser und lässt die alte Aufgabe liegen. Dies sieht für Deutsche eher chaotisch aus. Dabei wird oft in letzter Minute nochmals Gas gegeben, um zu versuchen, die Arbeit fertigzustellen. Just-in-time-Management ist angesagt! Entscheidungen werden auch oft kurzfristig getroffen und sofort umgesetzt. Ruckzuck-Aktionen sind in China bekannt. → *Verhandlungen - Hauptteil*

Geschäftsleute sind oft sehr flexibel, können kurzfristig planen und alles in letzter Minute nochmals ändern. Bei Ungewissheit fragen Chinesen nicht nach, sondern versuchen, eine für sie schnelle Lösung zu finden. Dies führt dann oft zu Qualitätsproblemen und Verzögerungen. Deshalb sollte der deutsche Partner immer wieder nachhaken. Es ist auch wichtig, kleinere Ziele zu setzen, die immer wieder überprüft werden müssen. Man sollte nicht davon ausgehen, dass Informationen geliefert werden. Es ist die Aufgabe des deutschen Geschäftspartners, immer wieder nachzufragen und Informationen anzufordern.

93. Arbeitsstil

„Wer A sagt, muss auch B sagen."
(Deutscher Spruch)

Das Sprichwort bezieht sich auf die Reihenfolge der Buchstaben im Alphabet. A steht als erster Buchstabe des Alphabets für den Anfang einer Angelegenheit, B als zweiter Buchstabe für deren logische Fortsetzung. Ob diese Logik immer zum Erfolg führt, sei einmal dahingestellt. Hier ist die Zusammenarbeit aller deutschen Beteiligten – etwa eines Teams – die in gleicher Weise und gleicher Intensität auf ein Ziel hinarbeiten.

Für viele Nichtdeutsche erscheint das starke Engagement als starr, fast schon als zwanghaft und deshalb als wenig motivierend und kreativ.

Die Planungsphase, die der Entwicklung von Strategien und deren Umsetzung dient, ist im deutschen Management lang. Grundlagen für die Planung bilden sachliche Detailaspekte und ihre Beziehungen.

In der relativ kurzen **Entscheidungsphase** folgt die Festsetzung der vereinbarten Ziele durch Entscheidungen, an denen meistens alle Mitarbeitenden beteiligt sind. Der Grad der Teilhabe daran ist hoch. Jeder Spezialist kann sein Fachwissen einbringen; Vorschläge, Meinungen und Einwände jedes Projektbeteiligten werden berücksichtigt. Eventuell erarbeitet man Kompromisse.

Ansicht eines chinesischen Marktführers: „Wenn wir mit westlichen Kollegen zusammenarbeiten, sind wir oft schockiert über ihre Tendenz, Entscheidungen zu treffen, ohne darüber nachzudenken, wie diese sich auf andere Unternehmensbereiche, Kunden und Lieferanten auswirken."

Die Ausführungsphase beinhaltet im deutschen Arbeitsstil die Umsetzung der Strategien, die Koordination der Aufgaben und das klar definierte Ziel. Alles verläuft nach Plan. An alle Beteiligten sind Kompetenzen, Aufgaben und Verantwortungen bindend verteilt. Diese vorstrukturierte, letzte Phase kann durch unerwartete Probleme zu einer Destabilisierung der deutschen Gruppenmitglieder führen. Darum werden Abänderungen und Umbildungen (die zum Beispiel veränderten Marktbedingungen dienen) akzeptiert.

Loyalität gilt als eine der wichtigsten Voraussetzungen für die Karriere. Respekt vor dem Chef sowie Diskretion über Firmeninterna sollten absolute Pflicht sein (und sind es auch). Bei Konflikten wird der Sachverhalt direkt mit dem betreffenden Kollegen oder Vorgesetzten geklärt. Für das Konflikt- oder Feedbackgespräch gibt es Regeln. Erst wenn diese Aussprachen negativ sind, wird die nächst höhere Instanz eingeschaltet. → *Objektivität*

94. Probleme

Wie geht man nun mit Problemen um? Erstes Gebot: Ruhe bewahren und das Gesicht des Geschäftspartner wahren. Deutsche wollen normalerweise immer recht haben und suchen lange nach den Ursachen und den Schuldigen bei einem Konflikt. Doch in China ist die Beziehung wichtiger als die Sachebene. Das Problem sollte indirekt angesprochen werden und mit viel Lob eingepackt werden.
→ *Kritik*

Es ist sinnvoll, den Geschäftspartner zu fragen, wie man helfen kann, das Problem zu lösen. Man kann auch nach Vorschlägen fragen, nach kreativen Ideen, um gemeinsam einen Weg zu finden. Außerdem können weitere Personen und Beziehungen eingeschaltet werden oder eine höhere Gewalt (CEO, Vorstand, Besitzer des Unternehmens). Diese Personen sind wichtige *Joker* und werden als *höherer Gott* angesehen und dürfen nur im Notfall eingesetzt werden.

Es ist nicht empfehlenswert, einen rechtlichen Weg einzuschlagen, da dieser oft Jahre dauern und viel Zeit, Geld und das Image kosten kann. Beziehungen oder Schiedsgerichte helfen erstmal besser, voran zu kommen.

94. Probleme

Nachdem das Problem erkannt, die Ursache gefunden und behoben ist, kann wieder zur Tagesordnung übergegangen werde. Aber: Viele Länder, viele Missverständnisse. Wo Kollegen unterschiedlicher Kulturen zusammenarbeiten, führen unverblümtes Feedback und die deutsche offene *Fehlerkultur* oft zu atmosphärischen Störungen. Die deutsche Denkweise bei der Problemlösung ist darauf ausgerichtet, eigene Ideen einzubringen und nicht nur zuerst zu überlegen, was der Vorgesetzte über das betreffende Problem wohl denken mag. Im internationalen Geschäft spiegelt sich die Vielfalt der Belegschaft, und es wäre perfekt, wenn jeder Mitarbeiter seine nationale Identität wahren könnte.

Nach einer Aussprache dankt man am Ende höflich für das Feedback, ganz gleich, wie das Gespräch verlaufen ist. Das zeigt Größe. Konstruktive Kritik bietet neben Darstellung des Problems auch einen Vorschlag zur Verbesserung. Daran sollte man immer denken. *Business is not friendship*. Meistens jedenfalls nicht.

95. Chinesische Produkte

Obwohl der Aufbau einer Beziehung langfristig orientiert ist, ist der Aufbau eines Unternehmens sowie auch der Bau von Gebäuden, Projekten und Produkten eher kurzfristig. Chinesen arbeiten schneller und wollen schneller Geld verdienen. Somit sind die Produkte auch schneller reparaturbedürftig oder man kann sich wieder etwas Neues kaufen.

Übrigens: Es sind mehrere Skandale bei Lebensmitteln, Medikamenten und Babynahrung aufgetreten. Inzwischen trauen viele Chinesen ihrem eigenen Land und den Produkten nicht mehr und kaufen wichtige Produkte in Hongkong und im Ausland ein. Deshalb wird die Qualität der Produkte, der Dienstleistungen und des Aftersales-Service in Zukunft immer wichtiger und gefragter sein.

Es gibt ja genügend Kunden in China! Da legte man bisher nicht so viel Wert auf Qualität. Außerdem können sich Gesetze, die Mode und die Nachfrage schnell ändern – da muss man flexibel bleiben.

Auch das Äußere eines Produkts ist wichtiger als das, was wirklich dahinter steckt. Jedoch ändert sich momentan das Qualitätsbewusstsein in China. → *Qualität*

95. Deutsche Produkte

Das Streben nach der bestmöglichen Bürokratie – darin sind Deutsche nahezu unübertroffen. Zwar relativ langsam in der Arbeit, aber dafür sehr zielgerichtet, arbeiten sie hart und präzise. Deswegen ist deutsches Ingenieurwesen immer noch weltberühmt. Deutsche Maschinen sind oft *überfunktioniert – good*

enough ist meistens keine deutsche Einstellung. Effizienz und Geräte, die auch reibungslos funktionieren, werden geliebt! Aber nur auf *Made in Germany* sollte sich niemand verlassen. Konsumenten entscheiden sich sehr rational – vor allem auch beim Service. Deutsche Premium-Produkte, also die in der Kategorie *oberes Segment*, werden immer ihre Käufer finden, denn der Bedarf an Luxus besteht konstant. Man kann sagen, dass dies der eigentliche Wandel der letzten 20 Jahre ist (Trendforscher David Bosshart).

High-End-Produkte bringen einen Status zum Ausdruck und das Produkt hat eine soziale Botschaft. Deutsche nehmen Trends (zum Beispiel bei technischen Geräten), um den eigenen Status aufzuwerten, nicht so schnell auf wie Chinesen. Dafür können sie sich das Neueste vom Neuen schneller leisten – aber sie tun es oft nicht sofort, weil Understatement vielfach noch ein Ideal ist.

96. Personalführung

Der Führungsstil ist in China meistens autoritär oder paternalistisch. Es gibt natürlich Unterschiede in den Regionen und durch die Größe von Städten und Unternehmen. In ausländischen Firmen und in den modernen Wirtschaftszonen passen sich die Chinesen inzwischen an und akzeptieren langsam einen kooperativeren Managementstil.

Aber Hierarchie ist immer noch zu beachten. Zum Beispiel entscheidet der Ranghöchste alles, informiert dann seine Führungskräfte, diese wiederum geben die Anweisungen an die Arbeitskräfte weiter. Auf jeder Ebene ist dann regelmäßige Kontrolle nötig. Entscheidungen können lange dauern, da Anweisungen von oben nach unten gereicht werden und dann eventuell Fragen wieder von unten nach oben wandern – nur der Oberste entscheidet dann.

Vorsicht: Ein zu lockerer Umgang mit chinesischen Arbeitskräften kann als Schwäche und Gesichtsverlust gedeutet werden. Bleiben Sie autoritär bei der Arbeit und kooperativ auf der persönlichen Ebene. Laden Sie Ihr Personal zum Essen ein oder organisieren Sie Ausflüge und gemeinsame Aktivitäten oder Weiterbildungskurse.

Arbeiter werden immer als Team gesehen und es werden keine Einzelleistungen hervorgehoben. Die Anerkennung für gute Leistungen erhält meistens die Führungskraft oder sie wird nach oben weitergegeben. Zum Beispiel wird gesagt: „Durch die gute Führung haben wir diesen Erfolg erreicht."

96. Personalführung

Zeitgemäßer Führungsstil ist gefragt.
Moderne Führungskräfte setzen auf Vertrauen und Teilhabe.

Der Führungsstil ist stark sachorientiert – es zählen Leistung, Daten, Finanzen. Experten sind hoch angesehen. Und deutsche Geschäftsberichte sind strenger im Satz als anderswo, sie enthalten mehr Texte, Tabellen und Zahlen.

Der Managementstil ist generell kompromissorientiert. Entscheidungen sollen vom Team getragen werden. Auf die Meinung der Mitarbeiter wird Wert gelegt. Andererseits respektiert das Team seinen Manager für seine Kompetenz. Der wiederum trägt die Verantwortung, und weil er sich keinen Fehler erlauben kann, appelliert er (mit Druck) an das Wir-Gefühl des Teams. → *Arbeitstil*

Kulturtheoretiker sind der Ansicht, dass Menschen in einer *spezifisch* denkenden Kultur (deutsche Mitarbeiter) positiv darauf reagieren, wenn ihnen sehr detaillierte Informationen darüber gegeben werden, was von ihnen im Arbeitsprozess erwartet wird. Wenn dagegen jemand aus einer *ganzheitlich* denkenden Kultur (asiatische Mitarbeiter) motiviert werden soll, müssen ihm die großen Zusammenhänge mit allen einzelnen, passenden Puzzelteilen erklärt werden.

Deutsche Führungskräfte werden chinesische Mitarbeiter motivieren, sich zu artikulieren, selbstständig zu arbeiten und Verantwortung zu übernehmen. In Deutschland zählen die Argumente eher als die Hierarchie.
→ *Hierarchie*

Übrigens: Der Ruf einer Führungskraft ist nicht abhängig vom Erfolg seiner Mitarbeiter.

97. Marketing

Es gibt zwei Strategien, um ein gutes Marketing durchzuführen. Erstens eine weltweit einheitliche Strategie, die zum Beispiel von großen Konzernen wie Coca-Cola und McDonald's international angewandt wird. Zweitens eine multinationale Strategie, bei der die kulturellen Gepflogenheiten berücksichtigt werden. Sogar die oben genannten großen Konzerne passen ihre Produkte, Namen und Werbekampagnen inzwischen an die chinesische Kultur an.

Chinesen lieben Werbung, die bunt, laut, auffallend, kreativ und manchmal sogar schon etwas verrückt wirkt. Dabei werden Produkte wie Küchenartikel mit Mode, Kunst und Lifestyle verbunden. Jeder möchte etwas Besonderes sein und

Wichtig: Übersetzen Sie Ihren Firmen- und Produktnamen und Ihren Slogan mit einer positiven und glücksversprechenden Bedeutung. Passen Sie die Farben, Formen und Zahlen nach der chinesischen Symbolik an, um Unglück zu vermeiden. Es ist wichtig, dass der Ranghöchste bei wichtigen Terminen wie Geschäftseröffnungen anwesend ist und das Unternehmen vor Ort repräsentiert.

nicht mehr mit allen gleichgestellt werden, so wie dies früher der Fall war. Besonders Statussymbole und Premium-Marken sind gefragt. Diese werden auch von jungen lokalen Superstars erfolgreich angeboten.

Persönlicher Service wird großgeschrieben und die Verpackungen der Produkte spielen eine wichtige Rolle.

97. Marketing

Früher machte man Werbung und Reklame, heute betreibt man Marketing. Deutsche Unternehmen agieren eher traditionell mit ihren Marketing-Techniken und sind auch nicht bereit, so schnell davon abzuweichen. Die Strategien sollen klar sein und das Produkt seriös darstellen. Neben Prestige und Reputation des Herstellers zählt natürlich die Qualität als Fundament für den Erfolg.

Die starke Marke *Made in Germany* hat in Europa und in der Welt nach wie vor ihre Strahlkraft. Produkte und Dienstleistungen stehen für Spitzenqualität. Sie streben in allem, was sie tun, nach Perfektion. Markennamen lösen unweigerlich ihre Versprechen ein und auch Schlagwörter tun das, wie: *Sauber und rein, Dauerhaft, Vorsprung, Unser Bestes, Quadratisch – praktisch – gut.*

Tipp: Durch intensives Betrachten der deutschen Reklame (zum Beispiel im Fernsehen) bekommen Sie einen Einblick in die deutsche Seele.

Es fehlt den Unternehmen nicht an Geld und gutem Willen für ein ordentliches Marketing, sondern oft an kompetentem Personal und Know-how. Der Wandel ist jedoch spürbar. Biererenst war gestern! Mit innovativen Ideen werden Produkte ironisch und frech beworben. Sogar deutsche Automarken wie Mercedes-Benz können witzige Werbung.

98. Fälschungen

In China herrschen andere Normen, Regeln und ethische Vorstellungen. Was in Deutschland als korrekt oder falsch angesehen wird, hat in China eine andere Akzeptanzgrenze. Was für Deutsche als Raubkopien und Produktpiraterie gilt, wird vielleicht in China als Optimieren oder Maximieren angesehen. Alles, was einen Preis hat, kann imitiert und gefälscht werden (Markenartikel, Lebensmittel, Arzneimittel, Antiquitäten, Pässe, Dokumente und Qualifikationenn – und ein ganzes österreichisches Bergdorf).

Außerdem sollten die Ausländer doch stolz sein und sich geschmeichelt fühlen, wenn jemand ihre Produkte und Ideen wertschätzt und nachahmt. Es ist ein gewinnbringendes Geschäft, von dem viele Menschen leben können/müssen. Oft sieht man es den gefälschten Waren nicht an und sogar Experten können den Unterschied zwischen Imitaten und Originalen schwer erkennen.

Vor einigen Jahren gab es sogar gefälschte Eier! In einem Trainingskurs in Shenzhen konnte man lernen, wie man Hühnereier selbst herstellt. Inzwischen gibt es zwar internationale Gesetzte für Produktpiraterie und intellektuelles Eigentum, doch diese haben sich noch nicht in allen Städten durchgesetzt. Bis dahin ist Vorsicht und Kontrolle immer noch besser als blindes Vertrauen.

98. Fälschungen

Produktpiraterie bedroht die europäische Wirtschaft. Auf mehr als 200 Milliarden Euro beläuft sich der Gesamtschaden mit gefälschten Waren pro Jahr in Europa. Fast ein Drittel der vom EU-Zoll beschlagnahmten Ware war potenziell gefährlich für die Sicherheit und Gesundheit der Verbraucher (Quelle: Europäische Kommission.).

In Deutschland ist der Handel mit Fälschungen schlichtweg verboten. Wer mit Plagiaten handelt oder Markenrechte verletzt, muss mit hohen Strafen rechnen.

Seit 1977 werden die dreistesten Fälschungen mit dem *Plagiarius* weltweit ausgezeichnet. Dies ist ein schwarzer Zwerg mit goldener Nase, der die goldenen Gewinne symbolisiert, die illegal erwirtschaftet wurden. Normalerweise werden bekannte deutsche Unternehmen wie Kärcher und *WMF* Opfer solcher Raubkopierer.

Heutzutage sind aber auch manche deutsche Firmen so dreist und klauen Ideen, die sie dann unter ihrem eigenen Namen veröffentlichen und vermarkten. Im Jahr 2013 ging zum Beispiel der Schmähpreis an die *Galeria Kaufhof,* die unter einer Eigenmarke Geschirr vertrieben hat, das im Original aus Portugal stammt.

In Europa werden Diplome (Plagiate) von (Fern-)Universitäten angeboten. Auch Professoren- oder Doktorentitel sowie Adelsprädikate können durch Titelhändler im Internet von zahlungskräftigen Kunden erworben werden. Beides ist illegal und darüber hinaus bei Enddeckung äußerst peinlich! Psychologen meinen, dass bei Titelmissbrauch eine ernste *Persönlichkeitsstörung* vorliegt.

99. Korruption

Korruption gab es schon immer – nicht nur in China, sondern weltweit. Auch heute sind noch Menschen dafür anfällig, um sich und die Familie zu bereichern. Manchmal ist Schmiergeld sogar nötig, um lange Wartezeiten und bürokratische Wege zu umgehen. Vorsicht: Es ist wichtig, dass Ausländer stets freundlich, höflich und diplomatisch vorgehen, denn wer immer die Macht hat, kann damit Schwierigkeiten bereiten und Projekte verzögern. Bei Behörden und Anträgen ist es auch ratsam, einen lokalen Mittelsmann einzusetzen.

Vorsicht: Ausländische Firmen werden oft strenger kontrolliert als einheimische. Es kann auch vorkommen, dass Ihre Bereitschaft für Schmiergelder getestet wird oder Kollegen auf einen Fehler Ihrerseits warten, um Sie dann anzuzeigen oder zu erpressen. Kleine Geschenke können auch größere und weitere Verpflichtungen nach sich ziehen. Deshalb Finger weg von allen Versuchen der Korruption!

Durch das Antikorruptionsgesetz und die harten Strafen ist man sehr vorsichtig geworden und es werden keine Geldbeträge mehr sichtbar über dem Tisch hin- und hergeschoben. Der Austausch von Vorteilen und Gefälligkeiten ist nun indirekter, nicht mehr nachweisbar und weniger materiell orientiert, zum Beispiel wie Einladungen ins Ausland, Unterstützung der Kinder beim Studium im Ausland.

99. Korruption

Der *Deutsche Corporate Governance Kodex* wurde vom Bundesjustizministerium 2001 eingeführt. Dabei handelt es sich um eine Selbstregulierungsmaßnahme der Wirtschaft. Deutsche Manager gehen davon aus, dass ein Unternehmen, das gesellschaftlich anerkannte Werte respektiert und fördert, langfristig auch erfolgreicher ist. Die Kommission wird von der Wirtschaft selbst finanziert, sie ist völlig unabhängig in ihren Entscheidungen. Die Regierung kann ihr keine Weisungen erteilen, was in den Kodex aufzunehmen wäre und was nicht.
Einen praxisorientierten Kodex zur Abgrenzung von legaler Kundenpflege und Korruption erstellte der Arbeitskreis Corporate Compliance inklusive Geschenke-Richtlinien. → *Geschenke*

Gleiches Recht für alle. Vertrauen auf den Staat.

Das Ideal ist in Deutschland die Gleichbehandlung aller. Für jeden Bürger ist nachvollziehbar, welche Rechte und Pflichten er hat. Die Mehrheit hält sich auch an diese. Auch wenn diese Regelversessenheit oft kaum nachvollziehbar ist, so gibt sie doch Sicherheit und schützt vor Korruption und Ungerechtigkeit. Egal wer eine Regelwidrigkeit begeht, er wird ohne Ansehen der Person dafür zur Rechenschaft gezogen. Zumindest laut Gesetz!

100. Qualität

Es gibt jede Menge Billigprodukte in China, die in ländlichen Gegenden, improvisierten Fabriken ohne Sicherheits- und Gesundheitsstandards hergestellt werden. Doch wenn man qualitativ gute Ware möchte, kostet die auch ihren Preis, viel Zeit und gute Nerven! Bisher hatten Chinesen weniger Verständnis für qualitativ perfekte Ware, da dies nicht gefördert und benötigt wurde und kulturell die Suche nach Fehlern bei der Qualitätskontrolle eher Gesichtsverlust bedeutete.

Qualität wird also nicht so ernst genommen. Außerdem kann bei Einsparungen an Material und der Verarbeitung extra Gewinn gemacht werden. Sparsamkeit an Material oder der Verpackung wird manchmal angewandt – leider zu Ungunsten der Qualität und Sicherheit.

Außerdem war der deutsche Perfektionismus bisher weniger bekannt. Das sieht man zum Beispiel an der Handhabung der Produktionsmuster. In Deutschland sind die Muster meistens perfekt und haben eine ebenso gute Qualität wie das Endprodukt. In China ist das umgekehrt – dem Muster wird nicht so viel Bedeutung geschenkt, da das Endprodukt dann sowieso mit anderen Materialien und Maschinen hergestellt wird.

Inzwischen schätzen Chinesen aber viele Produkte, die aus Deutschland kommen, da sie qualitativ kaum zu übertreffen sind. Man will nur noch das Beste, was es auf dem Markt

Tipp: Bestimmen Sie die Qualitätsanforderungen genau und kontrollieren Sie diese auch regelmäßig.

gibt. Deshalb setzt die Regierung bei ihren Plänen und Strategien in Zukunft auf *Qualität statt Quantität*. Man möchte nicht mehr das *Fließband der Welt* zu sein. Auch wird *Innovation in China* statt Made in China angestrebt. Doch bis sich diese Strategien überall in China durchgesetzt haben, muss man immer noch vor Ort die Qualität kontrollieren und auf Mängel testen lassen.

100. Qualität

Wird der Begriff Qualität in die Verhandlung eingebracht, geht der Deutsche meist davon aus, dass auch der Partner diese Definition genauso sieht. Was oft ein Fehler ist.

Deutsche Unternehmen wissen, dass sie sich zu keinem Zeitpunkt auf den Lorbeeren des Erfolgs vergangener Tage ausruhen dürfen. Der gute Ruf entsteht durch das konsequente Einhalten eines einmal gemachten Versprechens. Durch Mehrwert und Qualität der eigenen Produkte wird am Markt nachhaltig Wettbewerbsfähigkeit erzielt. Die Stärke der deutschen Industrie ist ihre Innovationskraft.

Generell ist ein steigendes Qualitätsbewusstsein in Europas modernen Gesellschaften ersichtlich. Ob bei hochwertigem Essen mit Verzicht auf Zusatzstoffe oder beim Wohnkomfort: entscheidend für viele Menschen ist eine bessere Lebensqualität. → *Marketing*

101. Messen

Es gibt eine Vielzahl von Messeveranstaltungen in China und es ist fast unmöglich, einen Überblick über lokale Messen zu gewinnen. Die Messebesucher sind meistens nur aus der umliegenden Gegend, da es sich die Firmen nicht leisten können, Hunderte von Kilometern zu reisen. Auch sind Messestände sehr teuer und man bekommt lange nicht die Qualität wie in Deutschland. Die Besucher sind zum Großteil Laufkundschaft, die alles anfassen, fotografieren und mitnehmen, was nicht festgeschraubt ist. Man braucht jede Menge Flyer, Broschüren und anderes Werbematerial, das wahllos in den Taschen der Besucher verschwindet und später großzügig wieder entsorgt wird. Durch die Menschenmassen hat man auch keine Zeit und keinen Platz, sich ruhig mit jemandem zu unterhalten.

Viele Deutsche sind diesen chaotischen Publikumsmessen nicht gewachsen, deshalb sollte man zuerst einmal Land und Leute kennenlernen, bevor man sich in dieses Abenteuer stürzt. Eine lokale Marktanalyse hilft, sich darauf vorzubereiten, um damit einen eventuellen Nutzen aus einer Messe zu ziehen.

101. Messen

Publikumsmessen sind weiterhin ein erstklassiges Mittel für Live-Kommunikation mit Kunden, das steht fest. In den meisten deutschen Unternehmen werden gezielte Messetrainings abgehalten. Dabei lernen die für den Zeitraum der Messe eingeteilten Mitarbeiter qualifiziertes Auftreten und den Umgang mit den Besuchern.

An den meisten Messeständen liegen Firmenprospekte aus sowie kleine Give-aways wie Aufkleber, Anstecknadeln, Luftballons, Poster oder Süßigkeiten. Es ist guter Stil als Standbesucher, nicht einfach Mengen davon einzustecken.

Der Fachbesucher, der vor der Messe einen Termin vereinbart hat, kann eine besondere Behandlung erwarten. Er wird willkommen geheißen, die Besprechungen finden auf dem Stand, oft sogar in geschlossenen Kabinen, statt. Es ist unüblich, ohne Aufforderung einfach in den Messestand hineinzugehen und Dinge zu berühren, im Detail zu fotografieren oder gar mitzunehmen.

Standmitarbeiter, die nicht zum Management gehören, sind in den meisten Fällen angewiesen, weder Aussagen über Ergebniszahlen zu machen noch über in der Planung befindliche Produkte. Sie stellen auch keine Spekulationen über die Unternehmensstrategie an.

Tipp: Sie bekommen auf Messekarten als Online-Frühbucher bis zu 35 % Rabatt. Reisen Sie vor Messebeginn früh genug an. Notieren Sie sich Park-and-ride-Plätze, die Fahrpreise in den Shuttle-Bussen zu den Messehallen sind meist im Eintrittspreis inbegriffen. Definieren Sie vorab konkrete Ziele für Ihren Besuch, und machen Sie Termine mit den für Sie interessanten Unternehmen – Apps für iOS und Android führen Sie zum Ziel. Oft gibt es auch pfiffige Tools wie Terminkalender, Messe-Navi und Bus-Tracking. Trinken Sie wegen der trockenen Luft viel Wasser und ernähren Sie sich leicht/vitaminreich. Aufdringliches Standpersonal weisen Sie so zurück: „Schön, dass Sie mich ansprechen, aber ich interessiere mich nicht für Ihr Produkt." Vorsicht vor Schnäppchenkäufen am letzten Messetag: sie sind oft nicht günstig, stellen Sie realistische Vergleiche an.

102. Statistiken

Zahlen lassen sich frisieren und schönen. Darum Obacht bei Statistiken à la China. Jeder Manager/Politiker möchte auf seinen Erfolg stolz sein. Zahlen werden deshalb großzügig auf- oder abgerundet. Außerdem lassen sich die Inhalte und Details einer Statistik flexibel variieren und optimieren. Es ist fast unmöglich, in einem solch riesigen Land wie China, das sich rasend schnell verändert, zuverlässige Statistiken zu produzieren. Deshalb darf man sich nicht alleine darauf verlassen, sondern sollte zusätzlich Beziehungen, Vertrauen und Respekt zu den Menschen aufbauen.

102. Statistiken

Deutsche lieben Zahlen, Fakten und Statistiken und sind sehr genau in der mathematischen Ausarbeitung und Analyse von Daten. Alles wird in Deutschland statistisch erfasst. Es gibt zum Beispiel Umweltstatistiken, Betriebsstatistiken, Wirtschaftsstatistiken, um nur einige zu nennen. Sogar Qualitätsmanagement wird mit *Six Sigma* und *ISO* genau gemessen und überwacht. Und man kann sich wirklich darauf verlassen – die Zahlen stimmen! Alles muss 100 % sein = *attention to detail!*

„*Die ganzen Zahlen hat der liebe Gott gemacht, alles andere ist Menschenwerk.*"
(Leopold Kronecker, deutscher Mathematiker)

VIII. Verhandeln in China

103. Planung

„Dreimal nachdenken, dann handeln."
(Chinesisches Sprichwort)

Eine deutsche Führungskraft sollte sich immer vorbildlich, verantwortungsvoll und bescheiden verhalten. Es ist natürlich wichtig, fachlich kompetent und mit einer gewissen Autorität aufzutreten. Dabei helfen gute Vorbereitung und Planung, um das Ziel und gewisse Mindestanforderungen festzulegen und auch zu erreichen.

Es ist wichtig, sich gut über den Geschäftspartner, Produkte und eventuelle Konkurrenten zu informieren. Auch die eigene Vorgehensweise sollte genau geplant sein. Man kann sich etwas vortasten, indem man Vorgespräche/-verhandlungen führt oder einen Vertrauensmann einsetzt. Die eigentliche Verhandlung ist dann oft nur ein Schauspiel des im Vorhinein Besprochenen.

Es nimmt immer eine größere Anzahl von chinesischen Mitarbeitern an der Verhandlung teil. Genauso besteht eine Delegation aus einer großen Gruppe von Mitarbeitern, um die Wichtigkeit zu symbolisieren. Zu beachten ist, dass der Geschäftspartner versucht, die hierarchische Position gleichzustellen. Je höher die Position ist, umso höher ist die Chance, mit einer wichtigen entscheidungsbefugten Person verhandeln zu dürfen. Es ist empfehlenswert, dies im Vorhinein abzuklären. Somit wird vermieden, dass mehrere Verhandlungen mit verschiedenen hierarchischen Ebenen durchlaufen werden, ohne den Entscheidungsbefugten zu Gesicht zu bekommen.

Wichtig: Bestätigen Sie Ihren Termin immer nochmals vorher, um alle an die Wichtigkeit zu erinnern. Seien Sie vorbereitet, dass eventuell Termine, Teilnehmer und Agenda-Punkte kurzfristig geändert werden. Und klären Sie ab, wer der Entscheidungsbefugte ist.

103. Planung

Vielen chinesischen Geschäftsleuten ist bekannt, dass die deutschen Partner ihre Reise ins „Reich der Mitte" oft minutiös bis ins letzte Detail planen und dies Wochen oder gar Monate im Voraus.

Wie gehen deutsche Verhandlungspartner dabei vor?

In groben Schritten:
Es werden zuerst Gelegenheiten für ein Geschäft identifiziert und dabei wird auch noch über Alternativen nachgedacht. Wenn die Ziele definiert sind, die Budgetierung der Arbeit sowie die festgestellten Anfangsbedingungen dargelegt sind, werden zu beachtende Randbedingungen – Umsetzung der sozialen und technischen Einzelheiten – und auch gegebenenfalls die Abbruchbedingungen festgehalten. Die erstellten Planungs- und Strategiepapiere geben Sicherheit. Oft sind auf deutscher Seite für die Planung und die Durchführung einer geschäftlichen Aktivität nur wenige Personen eingespannt – ganz im Gegensatz zur chinesischen Seite.

Kluge Deutsche werden, wann immer es geht, diese Leitformel beherzigen: „Menschen und Probleme trennen." Mit jemandem zu verhandeln, der nicht richtig vorbereitet ist, kann für deutsche Partner ärgerlich sein – Information ist die halbe Miete. → *Deutsches Vorbild* → *Arbeitsstil* → *Regeln/Zeitplanung*

104. Präsentation

Bei einer Präsentation oder Verhandlung ist es hilfreich, die nötigen Informationen visuell mit Bildern, Grafiken und Filmen darzustellen. Für Chinesen sind neben Zahlen auch visuelle Effekte, Geschichten und Beilspiele wichtig. Deutsche schätzen eher genaue **Z**ahlen, **D**aten und **F**akten (ZDF) und Beweise dafür.

Es ist ratsam, die nötigen Präsentationsmittel selbst mitzubringen und vorher zu testen.

Die Unterlagen sollten auf Englisch vorbereitet werden, wenn möglich auch auf Chinesisch – das beeindruckt. Präsentationen dauern meistens lange und es wird viel erklärt, wieso und warum etwas gemacht wird. Wichtige Personen werden gelobt, Geschichten werden erzählt. Der wichtigste Punkt kommt zum Schluss. Geduld, Geduld!

104. Präsentationen

Deutsche neigen dazu, ihre Präsentation etwas trocken geraten zu lassen – dafür aber gespickt mit Informationen und Zahlen. Für die visuelle Umsetzung wird meistens vorbereitet:

- Thema und Gliederung
- Neue, komplexe Zusammenhänge
- Kerninformationen
- Tendenzen/Trends
- Zahlen, Statistiken
- Fazit/Zusammenfassung.

Übrigens: Deutsche gelten beim Vortrag oder während einer Präsentation als *weltbeste Zuhörer!* Sie sitzen still, haben meistens ihre Mobilfunkgeräte ausgeschalten und vermeiden jegliche Geräusche – dabei sind sie nicht einmal eingeschlafen!

Oft wird der Fehler gemacht, den Vortrag für langjährige Kollegen interessant zu machen, aber zum Beispiel nicht für Neukunden. Lockerheit und Freundlichkeit sind oft Fremdworte. KISS = *Keep it straight and simple* wäre das Zauberwort! Wett macht der Deutsche dieses Manko, indem er im Anschluss gerne weiterführende Fragen seiner Zuhörer beantwortet.

105. Verhandlungen – Anfang

Chinesische Verhandlungen haben einen Anfang, einen Hauptteil aber oft kein Ende, da sich die Bedingungen noch ändern und später auch immer noch verhandelbar sind. Am Anfang nimmt man sich erst einmal Zeit, um die Person kennenzulernen und eine Beziehung aufzubauen.

Es gibt zwei Gruppen von Verhandlungspartnern – die ältere traditionelle Generation und die jüngere, westlich orientierte. Bei der älteren Generation sind noch die chinesischen Spielregeln wie Guanxi, Gesicht, Harmonie, Hierarchie und Strategie absolut wichtig.

Übrigens: Chinesen werden unterteilt in *„wài dì rén"* (= zugezogene Chinesen vom Inland), *„tu hao"* (= superreiche Bauern und Landbesitzer), *„ABC"* (= American-born Chinese), *„BBC"* (= British-born Chinese), *„hai gui"* (Wasserschildkröten, die im Ausland studiert haben und nun nach China zurückkehren) und andere „Bananen" (= außen gelb, innen weiß). Chinesen, die im Ausland aufgewachsen sind oder dort studiert haben, verhandeln sehr westlich.

Bei der jüngeren Generation sitzt oft noch ein *älterer Herr* hinter den Kulissen und trifft die Entscheidungen. Die chinesische Verhandlungsgruppe ist meist sehr groß. Dies sollte man schon vorher abklären und versuchen, die Hierarchie und Position der Gruppe gleichzustellen. Heutzutage sind Smalltalk, chinesische Bankette und der Besuch von Sehenswürdigkeiten immer noch wichtig, um die Beziehung aufzubauen. Man kommt jedoch viel schneller auf das Geschäftliche zu sprechen als früher.

Verhandlungen finden in einem Konferenzraum statt. Man wird offiziell zu seinem Platz geführt, es begrüßen sich alle und Visitenkarten werden ausgetauscht – natürlich mit Respekt und nach der hierarchischen Ordnung. Nach dem Smalltalk folgt die Willkommensrede des Gastgebers. Der Gast sollte diese Rede auch erwidern und viel Dank, Lob und Komplimente zurückgeben. Nun stellt der Ranghöchste meistens das Unternehmen vor oder präsentiert seine neuesten Produkte und Errungenschaften. Dabei wird viel Wert gelegt auf technisch modernes Design und internationale Zusammenarbeit.

Achtung: Es kann vorkommen, dass Chinesen zwischendurch lautstark telefonieren, einschlafen und laut durcheinander reden. Lassen Sie sich nicht irritieren!

Dann werden die Produkte, Dienstleistungen und die mögliche Zusammenarbeit diskutiert. Daraus ergibt sich der Hauptteil für die Verhandlungen. Zur Erfrischung werden oft Tee und Instant-Kaffee angeboten. Gäste sollten sich erst bedienen oder anfangen zu trinken, wenn sie dazu aufgefordert werden.

105. Verhandlungen – Anfang

Deutsche verhandeln mit Unternehmen, nicht mit Personen!

Die Anlaufzeit ist kurz, deshalb kommen Deutsche schnell und direkt zum Punkt. Zu Beginn werden Höflichkeitsfloskeln ausgetauscht – man macht Smalltalk, der meistens nicht länger als 10 Minuten dauert. Häufig wird gleich das Verhandlungsziel offen dargelegt im Verständnis von effizienter Verhandlungsführung. Man findet oft Lösungen, während man sich unterhält und darüber diskutiert. Die chinesische Art, auch Debatten wie Smalltalk zu führen, stößt oft auf Unverständnis. Deutsche Manager reagieren gereizt auf Kollegen, die viel Zeit mit der Erörterung der Grundprinzipien der Verhandlung verbringen. → *Kommunikationsstil*

106. Sitzordnung beim Meeting

Die Sitzordnung bleibt nicht dem Zufall überlassen und ist streng hierarchisch gegliedert, es ist wichtig, wer neben wem sitzt, um das Gesicht zu wahren. Der

Raum wird nach Hierarchieordnung betreten – also der Ranghöchste geht zuerst hinein, gefolgt von seinen Mitarbeitern. Normalerweise erhalten die Gäste den Ehrenplatz mit Sicht zur Tür. Beide Parteien sitzen sich gegenüber, der Ranghöchste in der Mitte. Rechts und links davon sitzen die Mitarbeiter in hierarchisch absteigender Ordnung.

106. Sitzordnung beim Meeting

Es gibt eine Reihe sinnvoller Sitzmöglichkeiten. Ihnen allen ist eins gemein, dass sie Kooperation statt Trennung und Mischung statt Separation demonstrieren.

Der angenehmste Sitzplatz für den Besucher ist – vor allem bei der ersten Besprechung im Haus – der mit dem Blick in den *Raum, auf die Tür*. Am Besprechungstisch mit Sitzordnung sitzt die zweitwichtigste Person zur Rechten, die Nummer drei in der Runde zur Linken des Vorsitzenden. Ein konstruktives Klima entsteht, wenn sich zwei Verhandlungspartner am Tisch über Eck setzen: So wird die Auge-in-Auge-Konfrontation vermieden, keiner fühlt sich in die Enge getrieben. Durch geschickte Raumplanung – auch Raumgestaltung – kann man den Ablauf eines Gesprächs beeinflussen.

In Deutschland wird man bemüht sein, auf sehr ungünstige Sitzpositionen bei Verhandlungen aus lauter Kalkül zu verzichten. Das war nicht immer so. Noch vor etwa zehn Jahren wurden – zumindest Vertreter/Zulieferer – aus purer Berechnung auf deren Unwohlsein am Verhandlungstisch zum Beispiel gegen das Licht platziert.

107. Verhandlungen – Hauptteil

Während man im Hauptteil die Bedingungen der Zusammenarbeit diskutiert, werden oft verschiedene Strategien angewandt, um erfolgreich zum Ziel zu gelangen. Hier einige Beispiele:

- *Spiralförmiger Ablauf:* Während die Deutschen zielstrebig, direkt und geradlinig verhandeln, läuft es bei Chinesen oft für Deutsche chaotisch und durcheinander ab, und es kann vorkommen, dass abgeschlossene Themen wieder neu aufgegriffen werden. Wichtige Themen werden auch öfters wiederholt und man kommt erst am Schluss zum entscheidenden Punkt.

- *Boss hält sich zurück:* Der Ranghöchste hält sich bewusst zurück und lässt seine Mitarbeiter diskutieren und verhandeln. Nur in wichtigen Momenten oder bei widersprüchlichem (negativem) Verhandlungserfolg wird er sich einschalten. Dann kann er die Situation noch retten.

Es kann auch vorkommen, dass der Ranghöchste nur am Anfang und am Ende der Verhandlung anwesend ist oder dass man ihn gar nicht zu Gesicht bekommt. Trotzdem wird er alles aus dem Hintergrund beobachten und steuern. Man sollte beachten, dass es schwierig ist, eine Entscheidung zu erhalten oder zu erzwingen, solange der Ranghöchste nicht dabei ist.

- *Böses Team und gutes Team:* Vor einer Verhandlung werden die Mitarbeiter in ein gutes und ein böses Team eingeteilt, und es wird genau besprochen, wer welche Aufgaben hat und wer welche Informationen und Preise anbieten darf. Normalerweise fängt das böse Team mit einem höheren Preis und schlechteren Konditionen an zu verhandeln. Wenn diese Strategie nicht erfolgreich ist, dann kann das gute Team einspringen und versuchen, mit dem bösen Team Kompromisse zu schließen. Das gute Team kann auch im Notfall einen besseren Preis anbieten oder versprechen, ein gutes Wort beim Vorgesetzten einzulegen. Diese Strategie wird eher bei neuen Geschäftspartnern und Projekten eingesetzt, um zu testen, wie weit man gehen kann.

- *Verzögerungen:* Chinesen lieben es, lange und ausgiebig zu diskutieren. Dabei werden Verhandlungen in die Länge gezogen und wichtige Entscheidungen verzögert. Wichtige Punkte werden oft bis zum Schluss verschoben. Deshalb ist es wichtig, extra Zeit für die Geschäftsreise einzuplanen.

- *Wut:* Normalerweise werden Chinesen in der Öffentlichkeit selten wütend. Zorn und Wut können aber auch als Strategie eingesetzt werden, um zu testen, wie weit man den Gegner in die Enge treiben kann. Chinesen können manchmal ihre Geschäftspartner mit plötzlich dramatischen Szenen leicht unter Druck setzen. Dabei einfach ruhig bleiben und Tee trinken!

- *Stille:* Es kann vorkommen, dass der Verhandlungspartner anscheinend lange überlegt und mehrere Minuten nichts sagt. Deutsche halten diese Stille nicht aus, werden nervös und sagen dann etwas, was sie normalerweise nicht sagen sollten. Stille kann als Strategie benutzt werden, um einerseits wichtige Informationen herauszulocken, andererseits kann es auch ein indirekter Weg sein, um eine Ablehnung und ein Nein auszudrücken. → *Schweigen*

Am Ende folgt nochmals eine kurze Rede mit viel Lob und Dank.

Man braucht viel Zeit und Geduld und sollte sich nicht aus der Ruhe bringen oder ablenken lassen. Falls deutsche Geschäftspartner versuchen sollten, alles wie gewohnt, so schnell wie möglich und direkt zu besprechen, wirkt das unhöflich und respektlos. Wenn dann jedoch die Geschäftsbeziehung einmal gefestigt ist, Vertrauen besteht und genügend Respekt und Gesicht verteilt wurde, werden weniger Strategien angewandt.

Übrigens, die erste Entscheidung ist meistens nicht endgültig und bindend. Chinesen lieben zu verhandeln.

Tipps:
- Setzen Sie sich mehrere kleine Ziele und gehen Schritt für Schritt vor. Dabei ist es wichtig, auch oft vorher gut geplante Kompromisse einzugehen.
- Bauen Sie eine Pufferzone für sich ein und halten einen Notfallplan bereit.
- Legen Sie Wert auf genaue Details, nur dann bedeutet es auch „Ja".
- Gehen Sie nicht alleine und besprechen mit Ihren Mitarbeitern die genaue Vorgehensweise und wer welche Verhandlungsdetails anspricht.
- Wenn Sie nicht mehr weiter wissen, legen Sie eine Pause ein, stellen Fragen und reden über Unwichtiges, um Zeit zu gewinnen.
- Fassen Sie am Ende alles nochmals zusammen und schreiben Sie ein Protokoll, um eventuelle Missverständnisse auszuschließen.

107. Verhandlungen – Hauptteil

Kommunikation ist alles!

Im Hauptteil geht es gleich zur Sache! Bei einer Verhandlung möchte man schnell zu einem Ergebnis kommen – typisch deutsches Wunschdenken. Dabei sind die Geschäftsleute sehr genau und direkt. Blumige Sprache wird nicht angewendet und auch schwer verstanden. Die Denke ist eher rational, so wird auch kommuniziert. Alles andere wäre Zeitverschwendung. Dabei ist es meistens wichtiger, *was* man sagt als *wie* man es sagt. → *Kommunikationsstil* → *Sprache*

Der Ablauf in einem Verhandlungs-Prozess ist genau geregelt. Der (monochrone) deutsche *Verhandler* wird die Aktivitäten nacheinander durchführen. Kurzfristige Änderungen (auch Störungen im Ablauf) werden als unhöflich empfunden und bringen manche aus dem Konzept, jedoch echte Global Player schon lange nicht mehr. Aus deutscher Sicht (Verallgemeinerung verpflichtet!) gehen manche (polychronen) chinesischen Unterhändler zu zögerlich zur Sache.

Wird Schreien als Management-Stil akzeptiert? Eine Reihe prominenter deutscher Manager ist dafür bekannt, in ihrem Arbeitsumfeld laut zu werden. „Wer schreit hat unrecht" ist eine altbekannte Weisheit. Kann Lautwerden in manchem Kontext zeigen, wie sehr sich jemand um etwas kümmert? Aber bestimmt macht Schreien niemanden zu einem besseren Manager, schon gar nicht, wenn er so jemanden demütigen will. Schnell zeigt sich hier auch, wie sich mit Einfluss und Inspiration die Führungspersönlichkeiten von Managern (Macht und Kontrolle) unterscheiden. Heutzutage ist *genderlect* im Business-Dialog gefragt – die Fähigkeit, sich auch in der Sprache des anderen Geschlechts ausdrücken zu können.

108. Feilschen

Wichtig: Ausdauer und Geschick im Feilschen lohnen sich. Aber behalten Sie eine Reserve für spätere Probleme, Krisen und Nachverhandlungen bereit.

Chinesen lieben es, aus Tradition lange und viel zu feilschen. Dabei werden der Preis und Zeitraum um ein vielfaches höher/länger angesetzt. Dann beginnt ein *Pingpong-Spiel,* bei dem beide Partner sich langsam Zugeständnisse machen. Den Preis und das endgültige Lieferdatum sollte man für sich behalten. Es ist wichtig, eine Pufferzone von mindestens 20 – 30 % einzubauen – und man sollte nicht so schnell nachgeben. Geduld zahlt sich aus!

108. Feilschen

Deutschland ist in der Geschichte nie als große Handelsmacht aufgefallen, eher als Produktionsland. Historiker behaupten, dass sich die Deutschen deshalb mit dem Verhandeln eher schwertun. (Ver-)handeln ist eine *ernste Sache*. Spielerische Elemente werden abgelehnt, man ist ja nicht auf dem Basar. Bluffen ist dem Deutschen ziemlich fremd – weilt der Urlauber allerdings zum Beispiel in arabischen Ländern, findet er dann doch ein wenig Spaß am *Kuhhandel*. Handeln oder Feilschen ist in Deutschland zwar nicht verboten, aber unüblich. Bei einer ganz besonders großen Stückzahl einer Sache kann man allerdings nach einem Mengenrabatt fragen, der auch gewährt wird.

Trotzdem sind Bundesbürger geborene Schnäppchenjäger. Auf den Preis fixiert. Zu fast allen Jahreszeiten gibt es größere Verkaufsaktion im Einzelhandel (Saisongeschäfte). Wahrscheinlich sitzen die Nachkriegs-Engpässe noch tief im deutschen Bewusstsein. E-Mail-Gutscheine rangieren 2014 übrigens in der Gunst der Verbraucher an erster Stelle.

109. Vertragsabschluss

„Nur wer sein Ziel kennt, findet den Weg."
(Chinesisches Sprichwort)

In Deutschland ist das Ziel ein Vertragsabschluss, um damit ein rechtliches Dokument zu besitzen, an das sich alle halten sollten. In China jedoch hat der Vertrag eine andere Bedeutung. Er ist der Beginn einer Geschäftsbeziehung, bei der die Bedingungen dann noch geändert werden können. Chinesen sind sehr flexibel und offen für Veränderungen, deshalb kann ein Vertrag niemals alle Möglichkeiten abdecken. Auch heute – in der modernen Geschäftswelt – unterschreibt der chinesische Partner zwar einen Vertrag, weil es üblich ist. Er sieht allerdings keine Notwendigkeit darin. Dies ist ein Stück Papier

Vorsicht: Verträge sind viel kürzer und ungenauer und es gibt oft Nachverhandlungen. Wenn der Vertrag ausläuft, muss neu verhandelt werden.

Übrigens benutzt man in China Stempel für wichtige Dokumente. Der Firmenstempel ist immer noch wichtiger als die Unterschrift des Chefs. Stempel werden unter Verschluss gehalten und dürfen nur von bestimmten Personen benutzt werden.

und genauso viel wert wie ein Stück Papier! Falls es Probleme geben sollte, ist es meistens besser, seine Beziehungen einzusetzen und nicht den rechtlichen Weg zu gehen.

109. Vertragsabschluss

Ein Vertrag ist ein Vertrag!

Deutsche haben ihr Bürgerliches Gesetzbuch (BGB) und ihr Handelsgesetzbuch (HGB). Dort ist alles geregelt. In den Unternehmen findet man auch noch unzählige

Vorschriften, Standardisierungen und Prozesse. Für Bürger der Bundesrepublik ist ein Konzept ein strukturiertes Schriftstück und ein Vertrag stellt das Ende der Verhandlungen dar. Alle Vereinbarungen, Rechte und Pflichten der Parteien werden dort dokumentiert und festgehalten. Ein Vertrag ist keine Absichtserklärung, mal gemeinsame Geschäfte machen zu wollen. Er ist das Ziel der Verhandlungen und schließt diese ab. Bei Vertragsbruch drohen rechtliche Schritte.

> Aber dann das gute Finale: „Abschluss", „Getting to Yes", das sind Wörter, die das deutsche Verhandlungsherz höher schlagen lassen. Es ist geschafft – „der Sack ist zugemacht". Der Deutsche hat Klarheit. Erleichterung.

Auf der einen Seite ist dieses Verhalten berechenbar, auf der anderen Seite gibt es in anderen Kulturen auch Enttäuschungen über diese anscheinende Unflexibilität und das mangelnde Vertrauen zu den Geschäftspartnern. Oft fokussieren sich Firmenvertreter krampfhaft auf einen Abschluss und vergessen darüber ein wenig ihre Umgangsformen. Freundlichkeit wird als Schwäche ausgelegt. Das ist leider ein großer Irrtum.

110. Bezahlung

Wer in China Produkte verkauft, muss oft lange auf sein Geld warten. Bei staatlichen Betrieben kann es sogar Monate dauern, bis man sein Geld erhält. Doch am Ende des finanziellen Jahres kann es dann vorkommen, dass alles ganz schnell bezahlt wird oder sogar eine Vorauszahlung erfolgt. Gelder müssen bis zum Ende des finanziellen Jahres aufgebraucht werden.

Falls Waren in China eingekauft werden, müssen diese meistens vor Ankunft in Deutschland schon vollständig bezahlt sein. Dabei wird eine Anzahlung von ca. 30 % verlangt und der Rest dann, wenn die Ware in China fertiggestellt ist und verschickt wird. Manche Geschäftspartner benötigen das Geld, um Rohmaterialien im Vorhinein zu kaufen. Außerdem investieren sie gelegentlich das Geld vorübergehend in andere Geschäfte, Fonds oder Glücksspiele, um kurzfristig noch etwas zu verdienen. Deshalb ist es wichtig, gute Beziehungen und Vertrauen aufzubauen, denn dann besteht die Möglichkeit, flexibler mit Zahlungsbedingungen umzugehen.

110. Bezahlung

Deutschland liegt mit seiner durchschnittlichen Zahlungsfrist von 31 Tagen im europäischen Mittelfeld. Das Days Sales Outstanding (DSO) sieht eine Laufzeit von 45 Tagen vor. Zunehmend wird eine schlechte Zahlungsmoral bemängelt. Hauptgründe dafür sind Liquiditätsschwierigkeiten, ungenügende Bankkredite und weil säumiges Zahlungsverhalten als günstige Finanzierungsform gilt. Hat ein Unternehmen schon Zahlungsschwierigkeiten, werden zuerst die Rechnungen der wichtigsten Lieferanten bezahlt, danach die Forderungen der öffentlichen Hand (Steuern, Abgaben usw.) sowie die Tilgungen von Banken und Finanzgesellschaften. Laut einer Studie (EOS B2B Deutschland) bezahlte fast jedes fünfte Unternehmen in Deutschland seine Rechnungen im Frühjahr 2013 nicht fristgerecht. Folgende Branchen schneiden bei der Zahlungsmoral am schlechtesten ab: Ver- und Entsorger (Wasser, Abwasser und Abfälle), Baugewerbe und Energieversorger.

Verantwortlich für die verschlechterte Zahlungsmoral war die lahmende Konjunktur in Deutschland. Jetzt, da die deutsche Wirtschaft wieder brummt, halten viele an alten, *lieben* Gewohnheiten fest. Größere Unternehmen nutzen oft ihre Marktmacht aus und begleichen ihre Rechnungen bewusst verspätet – oder nachdem ca. acht Entscheidungsträger die Richtigkeit der Summen bescheinigt haben!

111. Geschäftseröffnung

Anlässlich einer Geschäftseröffnung oder Einweihung eines neuen Büros/einer Fabrik feiert man gerne. Dafür wurde ein *glücklicher* Tag und eine *glückliche* Uhrzeit nach dem chinesischen Kalender ausgesucht. Der Ranghöchste eröffnet die Zeremonie mit einer festlichen Rede oder ein Drachentanz (Löwentanz) gibt den Auftakt. Danach werden die Götter geehrt, indem man einen kleinen Tempel mit Räucherstäbchen, eventuell auch mit Spanferkel und Orangen, aufbaut.

Alle dürfen sich in der hierarchischen Ordnung bei den Göttern bedanken und sich Glück wünschen, indem sie drei brennende Räucherstäbchen nehmen, zum Tempel schreiten, sich dreimal verbeugen und dann die Räucherstäbchen in eine dafür bereitgestellte Schale mit Sand stecken. Nun bekommen nicht nur die Götter etwas zu essen, sondern alle Teilnehmer feiern und speisen. Diese Zeremonien werden heutzutage nicht mehr so oft angewandt.

Falls man dem Geschäftspartner zu einer Eröffnung gratulieren möchte, gibt es dafür Blumengestecke auf Bambusgestellen mit großen roten Glückwunschkarten.

111. Geschäftseröffnung

Zu Geschäftserweiterungen oder Neueröffnungen werden oft Einladungskarten an (potenzielle) Kunden verschickt oder man feiert mit einem Tag der offenen

Tür. Meistens wird in der Tageszeitung annonciert, um das Kundeninteresse zu wecken. An solch einem Tag kann dann das Geschäft oder das Werk von allen besichtigt werden. Landrat, Landtagsabgeordnete und Oberbürgermeister geben sich die Ehre. Reden werden gehalten. Manchmal werden Kinderbelustigungen oder Preisausschreiben organisiert, Luftballons steigen in den Himmel. Bei Häppchen (oder mehr) wird auf den Erfolg angestoßen.

Viele Besucher fühlen sich verpflichtet, ein größeres oder kleines Geschenk mitzubringen. Das ist nicht immer zwingend nötig, aber wenn man sich dafür entscheidet, sollte man sich ein wenig mit den Vorlieben der Gastgeber und mit dem Anlass beschäftigen.

10 Dinge, die Sie tun oder lassen sollten

Was sollten Sie in China machen?

1. Auf der Großen Chinesischen Mauer spazieren gehen.
2. Einen lokalen Markt (Gemüse, Obst, Fisch, Fleisch) besuchen
3. In Südchina (Guangzhou oder Hongkong) „Dim Sum" essen.
4. Zum Frühstück chinesische Nudeln schlürfen oder „Baozi" (= chinesische gefüllte Hefeknödel) essen.
5. Bei Yangshou auf den „Moon Hill" wandern und am Fluss „Li" entlang mit dem Fahrrad fahren.
6. In einen chinesischen Tempel gehen und sich etwas wünschen.
7. Morgens um 6 Uhr in einem Park Tai-Chi üben.
8. In einem Teegeschäft viele Tees probieren und eine Teezeremonie mitmachen.
9. Ein paar Wörter chinesisch lernen.
10. Beim Einkaufen immer feilschen.

Was sollten Sie in China nicht machen?

1. Kurz vor Chinesisch Neujahr reisen.
2. Direkte Kritik üben und „Nein" sagen.
3. Einen grünen Hut tragen.
4. Gräber fotografieren.
5. Leitungswasser trinken und Durian (Stinkfrucht) essen.
6. Eine Chinesische Oper in voller Länger anhören.
7. Ihren Teller/ Ihr Schüsselchen leer essen.
8. Die Rechnung trennen.
9. Schreien, schimpfen und wütend werden.
10. Am Tisch die Nase putzen.

Was sollten Sie auf Ihrer Reise nach China mitnehmen?

1. Genügend Visitenkarten und Flyer
2. Genügend Zeit und Geduld
3. Kleidung und Schuhe über Größe 40
4. Geschenke für Ihren Geschäftspartner
5. Appetit auf chinesische Spezialitäten
6. Chinesische Grundkenntnisse
7. Taschentücher und Desinfektionsmittel (für Toiletten)
8. Bilder von Ihrer Familie
9. Medikamente (Kohletabletten)
10. Für Ihre Verhandlung eine Strategie, Notfallplan und Pufferzone für Preisverhandlungen

Was sollten Sie in China kaufen?

1. Chinesischen Tee (grüner Drachenbrunnen, Pu-Erh oder Oolong)
2. Schmuck aus Jade
3. Ein Glücksanhänger oder Symbol (z.B. Glücksknoten)
4. Chinesische Gemälde oder Kalligrafie
5. Kleidung aus Seide
6. Einen lachenden Buddha
7. Ein lustiges T-Shirt (gibt es an fast jeder Straßenecke)
8. Getrocknete Früchte, Ingwer, getrocknete Meerestiere und getrocknetes Fleisch, Kekse und Eierkuchen
9. Souvenir mit Pandabär oder Drache (Vorsicht: Jeder Drache sollte einen Ball haben, sonst bedeutet es Unglück.)
10. Viele Postkarten – bitte gleich verschicken!

Was sollten Sie in Deutschland machen?

1. Einen Weihnachtsmarkt besuchen
2. Auf einem Schiff den Mittelrhein befahren (Weltkulturerbe), dort eine Burg besuchen/die Loreley
3. Das Karl-Marx-Geburtshaus in Trier ansehen
4. In Stuttgart das Daimler-Museum/Porsche-Museum besuchen
5. In München einen Biergarten besuchen (Oktoberfest)
6. Rothenburg/Tauber besichtigen (andere mittelalterliche Fachwerk-Städte)
7. Einige Wörter Deutsch lernen
8. Einen Baumarkt besuchen
9. Am „Schwäbischen Meer" (Bodensee) Felchen (Fisch) essen
10. Ein Weingut besichtigen

Was sollten Sie in Deutschland nicht machen?

1. Übermäßig viel Alkohol trinken (zum Beispiel beim Oktoberfest)
2. Mit bayerischer Tracht (Lederhose/Dirndl) in der Öffentlichkeit auftreten
3. „Heil Hitler" rufen/Adolf Hitler öffentlich gut finden
4. Auf den Boden spucken, Suppe schlürfen
5. Während des Essens oder dort rauchen, wo es verboten ist
6. ROTE Ampeln ignorieren
7. Nur Toiletten für Ihre kleinen Geschäfte aufsuchen
8. Geschäftstermine zu Ostern oder Weihnachten machen
9. Beim Einkaufen übermäßig feilschen
10. Im Auto ohne Freisprechanlage telefonieren, falls Sie selbst lenken

Was sollten Sie auf Ihre Reise nach Deutschland mitnehmen?

1. Einige deutsche Redewendungen/Höflichkeitsfloskeln
2. Cupnoodles für unterwegs
3. Ihre gewohnten Medikamente
4. Ihren chinesischen Lieblingstee (zum Aufbrühen im Hotel)
5. Verschraubbare Glasflasche oder Thermoskanne für unterwegs
6. Elektronischer Übersetzer (Chinesisch/Deutsch)
7. Geduld in Restaurants
8. Einen Adapter
9. Zahnbürste und Zahnpasta, da viele deutsche Hotels diese nicht anbieten
10. Neugier und Appetit auf deutsche Esskultur

Was sollten Sie in Deutschland kaufen?

1. Dunkles Brot, falls Sie dies mögen, Wurst
2. Deutschen Wein (Eiswein)
3. Schnaps: Schwarzwälder Kirschwasser oder Williams
4. Naturkosmetik in Apotheken (Weleda in Schwäbisch Gmünd, Primavera in Oy-Mittelberg, Kneipp)
5. Outlet Shopping (z. B. Hugo Boss in Metzingen)
6. Deutschen Honig direkt vom Imker
7. Edle deutsche Schreibgeräte von Porsche, Lamy, Faber Castell, Pelikan, Parker
8. Edle deutsche Uhren von Lange & Söhne, Junghans, Glashütte
9. Einen Bierkrug mit Zinndeckel
10. Vielleicht einen Gartenzwerg, eine Schwarzwälder Uhr, Ritter Sport Schokolade, Haribo-Produkte

Fazit

Eine 100%ige Gebrauchsanleitung China – Deutschland gibt es nicht.

Die Business-Grundregeln zwischen den beiden Ländern (Deutschland und China) helfen Ihnen jedoch, Ihre Geschäftsbeziehungen erfolgreich zu gestalten und sicher zu kommunizieren. Es gibt große kulturelle Unterschiede im Reich der Mitte – Politik, Wirtschaft und Situationen ändern sich ständig. Man sagt zum Beispiel, dass sich die Chinesen in Peking eher an Gesetze halten und vorsichtiger sind als Südchinesen. Dagegen legen Südchinesen mehr Wert auf Beziehungen und in Shanghai zählen nur wirtschaftliches Wachstum und Geld. Doch überall schätzt man die traditionellen Benimmregeln noch und legt viel Wert auf Respekt, Gesicht wahren, harmonische Kommunikation und Diplomatie.

Geschäfte zwischen Deutschland und China erweisen sich immer wieder als mühsam und kompliziert. Doch es lohnt sich, Zeit und Interesse in das Land und die Menschen zu investieren. China wird in den nächsten Jahren eine Weltwirtschaftsmacht sein und es wird viele Möglichkeiten geben, zusammenzuarbeiten, voneinander zu lernen und zu profitieren.

Wenn beide Kulturen – Deutschland und China – ein Verständnis für ihre unterschiedliche Lebensweise entwickeln und sich etwas entgegenkommen, stehen ihnen die Türen offen für einen langfristigen Erfolg.

Der österreichische Philosoph *Ludwig Wittgenstein* postulierte einmal: „Wenn wir über die Zukunft der Welt nachdenken, dann sehen wir sie immer dort, wo sie wäre, wenn alles so weitergehen würde wie gehabt. Was wir jedoch nicht realisieren, ist, dass sie sich nicht entlang einer Linie bewegt, sondern dass sich ihre Richtung ständig ändert." Er hätte den Unterschied zwischen westlicher und fernöstlicher Denkweise kaum besser auf den Punkt bringen können. Für Westler ist die Welt einfach und vorhersehbar, und so erwarten sie kaum Wandel. Für Asiaten aber ist die Welt ein überaus komplexer Ort, an dem Stabilität die Ausnahme und Wandel die Regel ist.

Wir wünschen Ihnen Glück und Erfolg, vor allem aber Freude, die Deutsch-Chinesischen Benimm-Empfehlungen des 21. Jahrhunderts anzuwenden.

Die Autorinnen

Dr. Andrea Thürmer Leung arbeitete in Führungspositionen in Südafrika, New York, USA und Hongkong, China. Über 20 Jahre war sie in Hongkong, China im Management und Training tätig, wo sie umfassende Erfahrung und Einsicht in die chinesische Business-Dynamik gewann. In den letzten zwei Jahrzehnten hat sie eng mit chinesischen Exekutives zusammengearbeitet und erweiterte ihre Kenntnisse der chinesischen Kultur durch ihre Master- und Doktorstudien.

- Erweiterte Hochschulbildung in Pädagogik (Erwachsenenbildung, Englisch), Hong Kong University
- Magister in beruflicher Ausbildung, University of Leicester, UK
- Doktor in Sozialwissenschaft, Chinesische Business-Kultur, University of Leicester, UK

Sprachkenntnisse: Deutsch, Englisch, Chinesisch: Kantonesisch

Trainingsschwerpunkte

- Interkulturelles Training und Kommunikation
- Chinesische Business-Kultur und Strategien
- Chinesische Business-Etikette

Dr. Andrea Thürmer Leung
Ramsbergstr. 6/1 · 73529 Schwäb. Gmünd · Deutschland
Fon: +49 (0) 7171 - 9 08 13 50 · mail@dragonbusiness.de
www.dragonbusiness.de

China
PO Box 24884 · Gloucester Road Post Office · Wan Chai · Hong Kong, SAR

Susanne Helbach-Grosser wuchs im elterlichen, mittelständischen Maschinenbau-Unternehmen in Deutschland/Niedersachsen auf. Dort erlernte sie das ABC der Umgangsformen von der Pike auf. Sie lebte und arbeitete in Großbritannien, Frankreich und in den USA. 1993 gründete sie TAKT & STIL – ein Seminar-Institut für interkulturelle Kommunikation und gesellschaftliche Umgangsformen. Als renommierte und gefragte Expertin für persönliches Image trainiert sie im In- und Ausland humorvoll und kurzweilig Business Behavior für einen breit gefächerten Kundenkreis. Die Autorin moderner Etikette-Standardwerke bildet mit großer Freude seit 1999 im eigenen College lizenzierte Trainerinnen und Trainer aus. Sie ist nationale Präsidentin in dem von ihr 2002 mit initiierten Netzwerk Etikette-Trainer-International.

TAKT & STIL
Susanne Helbach-Grosser
Oderstraße 11 · 73529 Schwäbisch Gmünd
Fon: +49 (0) 7171 - 86 251 · Fax: +49 (0) 7171 - 86 359
s.helbach-grosser@takt-und-stil.de
www.takt-und-stil.de
https://www.xing.com/profile/Susanne_HelbachGrosser

Susanne Helbach-Grosser (links)
Andrea Thürmer Leung (rechts)

Das Konfuzius-Institut München wurde im Februar 2009 gegründet und hat sich seitdem als zentrale Institution zur Förderung der chinesischen Sprache und Kultur in München und Südbayern etabliert. Im weltweiten Verband der Konfuzius-Institute bietet es Sprachkurse auf allen Niveaustufen und für alle Altersgruppen an und ist offizielles Prüfungszentrum für die international anerkannte chinesische Sprachprüfung HSK. Kultur-Workshops zu Themen wie Teezeremonie, Kalligrafie und Tuschemalerei sowie Kulturveranstaltungen und Vortragsreihen runden das Angebot ab. Jährlich vergibt das das Konfuzius-Institut München Sprachstipendien und organisiert Austauschprogramme für Schülerinnen und Schüler. Darüber hinaus unterstützen wir Institutionen in München und Bayern in ihren Beziehungen zu China.

Das Institut hat seinen Sitz im Herzen Münchens, nur wenige Minuten vom Marienplatz entfernt. Träger des Konfuzius-Institut München sind die Stiftung ex oriente mit Sitz in München, die Beijing Foreign Studies University (BFSU) und die Dachorganisation Hanban/Confucius Institute Headquarters.

Konfuzius sagt:
„Wie glücklich wir sind, Freunde aus der Ferne zu treffen."

有朋友自远方来，不亦乐乎。

Konfuzius-Institut München übernimmt keine Gewähr für die Richtigkeit, die Genauigkeit und die Vollständigkeit der Inhalte. Für die Inhalte sind ausschließlich die Autorinnen selbst verantwortlich."

Konfuzius-Institut München

Literatur

„Erfolg mit Takt & Stil" – Susanne Helbach-Grosser – nützlich für Menschen, die noch professioneller auftreten möchten. 2014, 9. komplett überarbeitete Auflage im expert verlag, 29,80 EUR, ISBN 978-3-8169-3179-9.

„100 Tipps für Weinkenner und solche, die es werden möchten", Susanne Helbach-Grosser, Rudi Knoll, 2013, Little Helper Verlag, ISBN 978-3-939445-30-2, 8,90 EUR, www.martins-little-helper.de

„100 Business-Etikette-Tipps", Susanne Helbach-Grosser, Juni 2010, Little Helper Verlag, ISBN: 978-3-939445-19-7, 6,90 EUR. Auch auf Englisch.

„Erfolg im Job mit Stil & Intuition. So kultivieren Sie Ihre Persönlichkeit" – Jutta Hofmann + Susanne Helbach-Grosser, April 2007, expert verlag, 28,- EUR, ISBN 978-3-8169-2683-2 www.expertverlag.de.

„Dragon Business: How the traditional concept of ‚guanxi' works in modern day China", Dr. Andrea Thürmer Leung, University of Leicester, UK, (thesis 2010)

„Kulturdimensionen", Das Fünf-Dimensionen-Modell von Geert Hofstede von Anja Dellner von Grin Verlag Gmbh (3. August 2013)

„Lokales Denken, globales Handeln", Interkulturelle Zusammenarbeit und globales Management von Geert Hofstede, Gert Jan Hofstede, Petra Mayer und Martina Sondermann von Deutscher Taschenbuch Verlag (1. Oktober 2011)

„Understanding Cultural Differences: Germans, French and Americans" (Hall) by Hall, Edward T., Hall, Mildred Reed (2000), Hall von Intercultural Press Inc.

„Bodytalk. Körpersprache, Gesten und Gebärden", Desmond Morris von Heyne (1997)